ABC do Ogã

O Valor da Curimba na Umbanda

Severino Sena

ABC do Ogã

O Valor da Curimba na Umbanda

5ª edição Ampliada e Revisada

MADRAS

© 2023 Madras Editora Ltda.

Editor:
Wagner Veneziani Costa

Produção e Capa:
Equipe Técnica Madras

Ilustrações internas:
Márcia Alevi

Revisão:
Jane Pessoa
Silvia Massimini Felix
Tânia Damasceno

Dados Internacionais de Catalogação na Publicação (CIP)
(Câmara Brasileira do Livro, SP, Brasil)

Sena, Severino
ABC do Ogã/ Severino Sena. – São Paulo: Madras, 2023.

ISBN 978-85-370-0580-4
6ed

1. Atabaque 2. Instrumentos musicais – Aspectos religiosos 3. Ogãs (Umbanda) 4. Religiosidade 5. Umbanda (Culto) I. Título.

10-02557   CDD-299.672

Índices para catálogo sistemático:
1. Ogãs: Cerimônias litúrgicas: Umbanda: Religião 299.672

É proibida a reprodução total ou parcial desta obra, de qualquer forma ou por qualquer meio eletrônico, mecânico, inclusive por meio de processos xerográficos, incluindo ainda o uso da internet, sem a permissão expressa da Madras Editora, na pessoa de seu editor (Lei nº 9.610, de 19.2.98).

Todos os direitos desta edição reservados pela

MADRAS EDITORA LTDA.
Rua Paulo Gonçalves, 88 – Santana
CEP: 02403-020 – São Paulo/SP
Caixa Postal: 12183 – CEP: 02013-970
Tel.: (11) 2281-5555 – Fax: (11) 2959-3090
www.madras.com.br

ÍNDICE

Apresentação 11
Agradecimentos 13
Comentário sobre a Umbanda 15
   O Mistério da Vida 16
História do Nosso Núcleo 17
Palavra do Autor 19
1. Classificações de Pontos 23
2. Explicações de Sinais 25
3. Composição dos Atabaques no Terreiro 27
   Composição de Atabaques 28
4. Ritual de Casamento 30
5. Os Toques 34
   Marcação 34
   Repiques/Contratempos 35
   Nagô 37
      Repique 37
Variações do Nagô 39
   Ijexá 43
      Repiques 43
Variações do Ijexá 45
   Afoxé 47
      Complemento do Afoxé 48
   Barravento 50

>   Repiques 50
> Variações do Barravento 52
>   Angola 62
>   Repiques 63
>   Congo de Ouro 70
>   Congo de Ouro com Repique 72
>   Arrebate de Congo 73
>   Congo Nagô 74
>   Congo de Caboclo 75
>   Congo de Caboclo Marcado 76
> Variações do Congo 77
> 6. Os Pontos Cantados 83
>   Hino da Umbanda 83
>   Abertura e Fechamento de Gira 84
>   Saudação às Autoridades 85
>   Recebendo a Visita 85
>   Entrada do Visitante 86
>   Despedida do Visitante 86
>   Despedida para a Visita 86
>   Saudação a Babá e ao Babalaô 87
>   Defumação 87
>   Saudação à Pemba 89
>   Saudação à Toalha 89
>   Firmeza de Ponto Riscado 89
>   Pontos de Ajeum 90
>   Fechamento do Couro 90
>   Batimento de Cabeça 91
>   Ponto de Saudação ao Guia-Chefe de Cabeça 92
> 7. Amaci 93
>   Pontos das Sete Linhas 94
>   Hino a Oxalá 95
> 8. Os Orixás 96
>   Oxalá 96
>   Sincretismo 96
>   Saudações 96
>   Pontos de Oxalá 97

Oxum 98
   Sincretismo 98
   Saudações 98
   Pontos de Oxum 99
Oxóssi 102
   Sincretismo 102
   Saudações 102
   Caboclos e Caboclas 103
   Caboclos de Oxóssi 106
   Caboclos de Oxalá 106
   Caboclos de Ogum 106
   Caboclos de Xangô 107
   Caboclos de Omolu 107
   Caboclas de Iansã 107
   Caboclas de Iemanjá 107
   Caboclas de Oxum 107
   Caboclas de Ogum 107
   Pontos de Oxóssi 108
Ogum 112
   Sincretismo 112
   Saudações 112
   Pontos de Ogum 113
Xangô 117
   Sincretismo 117
   Saudações 117
   Pontos de Xangô 118
Oxumarê 122
   Sincretismo 122
   Saudações 122
   Pontos de Oxumarê 123
Obaluaê 126
   Sincretismo 126
   Saudações 126
   Pontos de Obaluaê 127
Omolu 129
   Sincretismo 129

Saudações 129
Pontos de Omolu 130
Iemanjá 132
Sincretismo 132
Saudações 132
Pontos de Iemanjá 133
Iansã 136
Sincretismo 136
Saudações 136
Pontos de Iansã 137
Nanã Buruquê 139
Sincretismo 139
Saudações 139
Pontos de Nanã 140
Oyá-Logunam 142
Sincretismo 142
Saudações 142
Pontos de Oyá 143
Oroiná 145
Sincretismo 145
Saudações 145
Pontos de Oroiná 146
Obá 148
Sincretismo 148
Saudações 148
Pontos de Obá 149
9. Caboclos e Guias 151
Saudações 152
Pontos de Cosme e Damião 153
Pontos de Agradecimento 155
Pontos de Preto-Velho 156
Pontos de Preta-Velha 159
Baianos(as) 161
Pontos de Baianos 161
Boiadeiros 165
Pontos de Boiadeiros 165

Pontos de Marinheiros 167
Ciganos(as) 169
    Pontos de Ciganos 170
Exu e Pombagira 174
    Saudações 174
    Pontos de Exu 175
    Pontos de Pombagiras 177
    Ponto para Afundar Exu (Ganga) 178
Exu Mirim 179
    Saudações 179
    Pontos de Exu Mirim 180
10. Fontes Consultadas 182

APRESENTAÇÃO

Finalmente teremos ao nosso alcance um livro de Umbanda diferente, mas extremamente necessário para o desenvolvimento de um dos fundamentos da Umbanda, herdado dos cultos de nação praticados aqui no Brasil já há alguns séculos.

A Umbanda tem só um século de existência, mas possui em seus ritos práticas milenares, todas elas fundamentais para os tipos de trabalhos mágico-religiosos realizados nos terreiros umbandistas.

E tem nos toques dos tambores uma poderosa magia do som se forem tocados de forma correta e retesada.

Sabemos muito pouco sobre a magia do som, mas esse pouco já é suficiente para darmos uma atenção especial às curimbas de Umbanda, formando cada vez mais talentosos corimbeiros, atabaqueiros e Ogãs, estes os Mestres dos nossos cantos sacros.

Quanto mais se desenvolver esse aspecto musical sacro, melhor será a abertura, a condução e o encerramento dos trabalhos espirituais umbandistas.

Acredito que o trabalho desenvolvido já de muitos anos pelo meu querido amigo e irmão de fé, Ogã Severino Sena, será de grande ajuda para todos os umbandistas que já trazem na alma o talento musical porque terão à mão um livro que é um método musical sacro umbandista, por meio do qual traz uma contribuição para o aparecimento desse cargo importante dentro dos terreiros de Umbanda.

No Candomblé, uma máxima é ditador de todos e ela diz isto:

"Sem folhas não há culto aos Orixás!"

Na Umbanda, onde cada linha de Orixá e cada linha de trabalhos espirituais é invocada e firmada por meio dos pontos cantados, ouso dizer estas palavras:

"Na Umbanda, não pode faltar nas suas giras uma corimba afinada e seus pontos cantados!

Parabéns, Mestre e Ogã Severino Sena!

Desejo o maior sucesso neste seu livro, porque será muito bom para todos nós umbandistas.

Sucesso, meu Irmão de Fé!

Pai Rubens Saraceni

AGRADECIMENTOS

Elevo meu pensamento a Deus, Sua lei maior e Sua justiça divina e agradeço todos os momentos acontecidos em minha vida, sejam bons ou não, mas, com certeza, serviram de aprendizado para uma vida melhor.

Para que isso acontecesse, muitas pessoas passaram pela minha vida, e, se estiveram presentes, devo agradecer, pois são importantes na minha jornada.

À minha mulher, Cida, e à minha filha Maysa (meus presentes de Deus), agradeço o apoio incondicional em todos os momentos desses anos de luta e peço desculpas pelos instantes de ausência, por estar em algum lugar falando da religião e divulgando nossa escola.

Agradeço a todos os alunos que fizeram de nosso Núcleo a referência em ensino de toques e cantos de Umbanda;* aos grandes irmãos de batalha, Valtão, Miro, Igor, Silvia, Paulinho, Paulinha, Fabinho; e a uma grande amiga e aluna, Suely, que nunca se furtou ao chamado da escola.

Agradeço ainda ao Terreiro da Cabocla Jandira e Pai João de Angola, com a Mãe Nalva, onde dei meus primeiros passos religiosos.

Ao Terreiro Santa Bárbara, com Pai Ogum Beira-Mar e a Pombagira Dona Maria do Mar, e a todo o corpo mediúnico no qual consolidei meus passos.

Ao Terreiro São Sebastião do Caboclo Sete Flechas, Pai José Valdivino, onde fui confirmado e realizei minhas obrigações como Ogã; à Escola de Curimba Umbanda e Ecologia, na qual me formei e ministrei aulas durante alguns anos, adquirindo muitos conhecimentos nas conversas sem horário para terminar com esse grande pai.

---

*N.E.: Sugerimos a leitura de *A Linha do Oriente na Umbanda*, de Lurdes de Campos Vieira e Alberto Marsicano, Madras Editora.

Agradeço ao Mestre Pai Elcio de Oxalá os ensinamentos dos cantos ao Pai; ao grande amigo e Mestre José Valter Destefane, à Salete de Obaluaê e a André de Oxóssi os ensinamentos dos toques, das posturas e da firmeza para dirigir uma escola.

Agradeço aos irmãos e queridos amigos Mãe Missae, Avelino, Shirley, Adonai, Aline e Izolina e seus guias espirituais, nossa família espiritual, que nos protege e deu grande incentivo e apoio para que eu continuasse meu caminho de ensinamentos.

Agradeço ao Irmão Alexandre Cumino por ter acreditado em nosso trabalho e ser um grande divulgador de nossa escola em seu *Jornal de Umbanda Sagrada*.

À amiga Angela Amaral, ao Pai Jorge Scritori, à Mãe Monica Berezutti, à Mãe Conceição Florindo por ter disponibilizado seus espaços para que eu ministrasse o curso.

Agradeço ao Pai Benedito de Aruanda por ter me conduzido até sua escola e me dado a oportunidade de conhecer o Grande Pai e Mestre Rubens Saraceni e sua maravilhosa família, que, desde o primeiro momento, deu seu apoio e incentivo para que nossa escola se multiplicasse, a fim de que muitas pessoas pudessem falar a mesma língua com toques e cantos dentro de um mesmo padrão; agradeço o respeito que eles tiveram também pelo nosso trabalho como Ogã, não medindo esforços para tal, inclusive dando espaço em seus cursos e eventos para a divulgação de nossa escola e deste livro.

A lista é enorme, e o espaço é pequeno, a muitas outras pessoas devo agradecer também, peço desculpas por não ter relacionado o nome de todas, mas tenham a certeza de que estão em meu coração.

Obrigado a todos.

Severino Sena

COMENTÁRIO SOBRE A UMBANDA

A Umbanda tem em sua base de formação os cultos afros, os nativos, a doutrina espírita kardecista (Europa), a religião Católica, um pouco da religião Oriental (Budismo e Hinduísmo) e também da magia, pois é uma religião magística por excelência, fato este que a distingue e a honra, porque dentro dos seus templos, a magia negativa é combatida, anulada pelos espíritos que neles se manifestam por intermédio de seus médiuns.

Na simplicidade do ritual umbandista, é que reside sua força, pois não adianta um templo luxuoso, cheio de pessoas ignorantes sobre a natureza do ser divino.

Quantos de nós não sabemos sobre as forças divinas que habitam na natureza; a natureza é um ponto de força, portanto, cultuar os Orixás na natureza nada mais é do que reconhecer nosso Criador,* tudo que existe e nos leva a Ele, o Criador de todas as coisas, Deus único. Ele confiou suas qualidades divinas aos sagrados Orixás, os quais cultuamos e que atuam sobre nós, os encarnados, por meio dos seus guias e mensageiros.

A Umbanda é uma religião nova, mas houve um tempo, bem lá atrás, que as religiões eram praticadas de forma simples. Os praticantes louvavam ou cultuavam e agradeciam com cantos e oferendas da época, enfim, com festividades.

Para eles, Deus era o Sol, a chuva abençoava as plantações, matava a sede, as árvores davam frutos, consequentemente, a natureza era sagrada para aqueles povos simples, eles encontravam Deus em todos os lugares, toda manifestação da natureza era divina.

---

*N.E.: Sugerimos a leitura de *O Criador em Sua Absoluta Perfeição*, de Evaristo Humberto de Araújo, Madras Editora.

Então, podemos dizer que já existia esta forma de cultuar Deus há séculos, mas, para nós, a Umbanda ficou marcada, de início, com a primeira incorporação do Sr. Zélio Fernandino de Moraes, com o Caboclo das Sete Encruzilhadas, no dia 15 de novembro de 1908, na primeira Tenda de Umbanda Nossa Senhora da Piedade, em Niterói-RJ. O primeiro Preto-Velho incorporado no Sr. Zélio foi Pai Antonio.

A palavra Umbanda é originária da língua quimbundo, encontrada em muitos dialetos bantos falados em Angola, Congo e Guiné.

O MISTÉRIO DA VIDA

O mistério é algo de difícil definição porque pertence a Deus; é o recurso que Ele tem para atuar em um campo bem definido, mas de difícil identificação. Quando algo se mostra ativo, mas indefinido, logo o classificamos como mistério

A origem da vida, do Universo, dos mundos, etc., tudo é um mistério de Deus.

Para nós, os umbandistas, Deus é chamado de Olorum, Criador do Universo; é o princípio de tudo, está em tudo o que criou, confiando suas qualidades aos sagrados Orixás.

Nós como espíritos emanados do Criador recebemos em nossa partida uma de suas qualidades.

Essas qualidades ou energias são as que nos dão sustentação; os sagrados Orixás zelam por nós, nos direcionando, nos protegendo, nos dando forças para que possamos alcançar o voo tão desejado rumo ao divino Criador, Olorum.

Fonte: Comentários e pesquisas feitas por Cida de Iansã, minha digníssima esposa.

História do Nosso Núcleo

Nosso Núcleo nasceu da necessidade de atendimento de alguns alunos que moram em lugares distantes da cidade.

Durante anos, lecionamos em um único lugar, mas sempre fomos chamados para diversas regiões, foi aí que, em 2003, resolvemos atender a essa solicitação. Eu, "Severino", e alguns instrutores nos dividimos em grupos e passamos a ministrar aulas em outras regiões da cidade.

Como escola destinada a ministrar aulas de toques, cantos de pontos e noções básicas sobre a Umbanda, voltada aos olhos dos Ogãs, temos, nesta última década, participado com nossos instrutores e alunos dos principais eventos da nossa religião, eventos como formaturas de dirigentes, com congá ao vivo, formaturas de outras escolas, festa de Ogum, Preto-Velho, formação de egrégoras de magos, etc. Formamos centenas de alunos para trabalhar pela nossa religião.

Já formamos também instrutores de toques e cantos, alguns com escolas abertas, outros não, e isso é maravilhoso, o dom da multiplicação do conhecimento.

Com isso, crescemos nós, como instrumento do Pai Maior na religião, tornando-nos formadores de pessoas capacitadas a exercer a função, melhorando o desempenho deste médium na religião.

Nossa preocupação é a de que os alunos, além de tocar muito bem, saibam cantar dentro de um tom agradável a todos, dentro da sua altura vocal; preocupamo-nos também com a postura e as situações que um Ogã vive dentro da realização do seu trabalho, buscando que ele tenha a responsabilidade e o desempenho que o cargo exige.

Para o nosso Núcleo, saber tocar e cantar bem é importante, mas não é tudo. Nossa missão é formar curimbeiros aptos a se tornarem

Ogãs em seus terreiros, pois formar, confirmar, suspender Ogã é obrigação dos terreiros, e não da escola, a escola o prepara para que a caminhada seja mais suave.

Aproveito para agradecer a todos que neste tempo sempre nos ajudaram com pontos e textos de sua autoria e de suas entidades, permitindo que os utilizássemos em nossos cursos.

Abraços a todos, que nosso Pai Maior ilumine nossa jornada.

Ogã Severino Sena

Palavra do Autor

Este livro é parte integrante do currículo de ensino do Núcleo de Curimba Tambor de Orixá. Ele é dividido em Orixás, guias, entidades, cerimônias festivas dentro do terreiro e momentos dos trabalhos.

Dentro da parte de cada Orixá ou momentos dos trabalhos, os pontos são divididos em classificações específicas, tais como Pontos de Firmeza da Linha que vamos trabalhar, Pontos de Coroa, Pontos de Chamada (incorporação), Pontos de Saudação dos Orixás ou Guias, Pontos de Sustentação dos Trabalhos, Pontos para Firmeza de Pontos Riscados, Pontos de Defumação, Pontos de Bater Cabeça, Pontos para Casamento, Pontos para Abençoar a Comida nas Festas, Pontos de Coroação de Ogãs, Pontos de Abertura das Giras, Pontos de Encerramento das Giras, Ponto de Fechamento do Couro, Ponto de Amací, Ponto para Receber Visita, Ponto para Cantar ao Visitar Outra Casa, Ponto de Batismo, Pontos de Demanda.

Conforme as classificações acima, separamos os pontos cantados dentro dos estilos de toques que são pedidos para a forma de cantar o ponto, e não o toque específico do Orixá, como é usado no culto de nação.

Na Umbanda, ao cantarmos para Oxum, usaremos o Ijexá, porque é o toque que define a Orixá, mas também o Barravento, o Angola, o Congo de Ouro e todos os outros toques, dependendo apenas de como é o ponto a ser cantado.

Durante o curso, passamos oficialmente o toque marcação, que é um toque prático que serve para cantar todos os pontos com contratempos e repiques, respeitando os balanços e os tempos de outros toques, cantando todos os pontos em um toque só. Esse toque, passado no início do curso, serve para controlarmos o peso das mãos do aluno, o posicionamento das mãos sobre o atabaque, a divisão de tempo musical, a postura corporal, a altura das mãos, etc., já preparando o aluno para a mudança dos toques e da forma de cantar, respeitando o tempo musical de cada toque que venha a seguir. Respeitando cada novo toque, a nova forma de cantar.

O próximo toque a ser passado é o Nagô, também conhecido como Alujá, mas que, com uma pequena variação no número de toques no atabaque, passa a ser conhecido como Arrebate.

Durante o curso, explicamos as diferenças entre ambos e passamos ainda outros toques que usam o mesmo compasso musical.

A seguir, passaremos o Ijexá, o toque básico, suas ampliações, seus contratempos e repiques; dentro da linha melódica desse toque, passaremos também outro toque conhecido como Bravum ou Aguerê de Oxóssi, Afoxé que, dependendo do ponto, fica muito harmonioso cantar nesse toque.

A seguir, passaremos o Barravento, sua posição básica, suas ampliações e seus contratempos, toque que define bem o Orixá Iansã, com os toques do combate, e que, na Umbanda, também usamos para outros momentos do trabalho espiritual.

Seguindo o curso, em sua outra fase, passaremos o toque de Angola, seu toque básico, suas ampliações e seus contratempos, que, se tocado com pequena variação, passa a ser conhecido também por Samba de Cabula; porém, o Angola foi o nome adotado por nós.

A seguir, passaremos o Congo de Ouro, com sua forma básica, suas ampliações e seus contratempos. Esse toque também é muito conhecido com o nome de Ketu, mas não é denominação usada por nós.

Passaremos também outros toques que usam o mesmo compasso musical, que, dependendo do ponto cantado, a harmonia fica melhor. Esses toques também podem ser utilizados como contratempo ou variações do toque, como Arrebate de Congo ou Congo Nagô. Congo de Caboclo.

As pessoas nos perguntam: como este curso é destinado à Umbanda se utilizamos nomes de toques que são usados nos cultos de candomblés?* Nós respondemos com toda segurança que a música é universal, e não de uma religião ou culto.

Se não pudermos usar esses nomes, também não poderemos usar os nomes dos Orixás, porque todos os nomes dos Orixás da Umbanda também são utilizados no culto de nação, e, quanto a isso, não há contestação.

---

*N.E.: Sugerimos a leitura de *Os Orixás na Umbanda e no Candomblé*, de Diamantino F. Trindade, Ronaldo A. Linares e Wagner Veneziani Costa, Madras Editora.

Os pontos passados pelos nossos guias, mensageiros ou mentores, usam o nome que bem entendem, são energias puras. Um guia, ao cantar ou riscar um ponto, está movimentando uma quantidade de energia colossal, não temos a noção do poder energético movimentado naquele momento, e ele, ao nos transmitir esse ponto cantado, precisa que modifiquemos para o plano Terra toda aquela energia, sem perder o poder de realização do ponto; aí entra o conhecimento de música, melodia e toque do Ogã da pessoa que recebeu aquele ponto, a fim de fazer a transformação do etéreo para o físico, mantendo todo o poder de realização.

Isso procuramos passar durante o curso, para que o Ogã sinta segurança, confiança e tenha a experiência para sustentar um trabalho, seja ele de qual linha for, de Oxalá a Exu, seja cerimônia cívica ou religiosa; para que o Ogã consiga definir o que está acontecendo no trabalho e cante e toque os pontos certos, para que tenha o poder de realização, cantado no momento certo, o ponto certo, sabendo o que cantar, para quem cantar e quando cantar.

Procuramos mostrar ao aluno que ser Ogã não é tarefa fácil, não é para todo mundo e não é principalmente para aquele médium que, só porque não incorpora, é colocado para tocar atabaque.

Um Ogã precisa estar ciente de suas funções e atribuições dentro e fora do terreiro. Não que uma pessoa que tenha o dom da incorporação não possa tocar atabaque, pode, sim, mas o ideal é que ele vá prestar sua caridade na forma de incorporação, pois esse dom o Pai Maior já lhe passou; e a pessoa que esteja destinada a esse setor dentro do terreiro é o melhor indicado para a função, levando em consideração seu conhecimento de toque, canto e principalmente o poder de movimentação de energias ao cantar e tocar.

Espero ter passado a todos este breve relato do que ministramos em nosso curso.

Abraços a todos.

Ogã Severino Sena

1

Classificações de Pontos

Como mencionamos no início, todos os pontos têm sua classificação, seu objetivo, seu momento para serem cantados. Não podemos cantar aleatoriamente qualquer tipo de ponto e em qualquer momento, devemos saber o tipo de ponto a ser cantado. Podemos até alterar o momento e o objetivo, mas temos de ter a certeza do que estamos fazendo.

Ponto de Firmeza: Este ponto deve ser cantado após todo o ritual de abertura da gira; é o momento em que pedimos a permissão do Orixá que trabalharemos naquela gira para lidar com os mensageiros dele (Caboclos, Preto-Velho, etc.). Não podemos confundir este ponto com o de Firmeza de Guia ou Médium; este ponto é o de Firmeza da Linha.

Exemplo: Se vamos trabalhar com os Caboclos de Oxóssi, pediremos permissão a Oxóssi, se vamos trabalhar com as Caboclas de Oxum, pediremos permissão ao Orixá Oxum, etc.

Ponto de Coroa: Este é o segundo a ser cantado nos trabalhos; é um ponto direcionado ao guia-chefe da casa. Naquela linha, em muitas casas, o guia-chefe incorpora neste momento, aí o ponto fica sendo como o de chamada para o guia-chefe, mas saibam que estamos cantado para o chefe da linha, direcionando à coroa dele, pode ser um ponto com o nome ou a falange dele.

Ponto de Saudação: Cantamos este ponto durante os trabalhos para exaltar as forças e as qualidades de um determinado guia; algumas pessoas chamam essa classificação de Ponto Primitivo, mas nós consideramos que todos os pontos que falam ou são passados pelos guias são primitivos e o momento é que determina a classificação do ponto.

Ponto de Sustentação: Este tipo de ponto é cantado para se comandar a gira, durante os trabalhos em si; são os pontos que cantamos para manter a sustentação energética da gira; pode ser ponto falando do guia, das forças do guia, de como ele trabalha, onde ele mora, como ele ajuda os filhos, pode ser ponto falando da falange a que o guia pertence, pode direcionar para a coroa do guia, pode saldar o guia, pois o momento é de sustentação energética. Aqui entra a maioria dos pontos.

Ponto de Chamada: Pontos cantados para que aconteça a incorporação dos guias nos médiuns, muitos os chamam também de pontos de chegada. Para que aconteça uma incorporação, não necessariamente temos de cantar o ponto de chamada, pois vemos que, durante os trabalhos, sempre acontece incorporação e desincorporação, mesmo sem estarmos cantando os pontos para essa finalidade. Mas saibam que o correto é direcionar o trabalho e, no momento da incorporação, cantar o ponto de incorporação (chamada).

Ponto de Subida: Pontos cantados para que aconteça a desincorporação dos guias nos médiuns, igual ao tópico anterior. Também o classificam como ponto de partida ou despedida dos guias, mas o sentido é o mesmo.

Para todos os momentos dos nossos trabalhos existem pontos específicos a serem cantados. Os trabalhos na Umbanda são cantados o tempo todo, desde o início, com a defumação, até o fechamento da gira, por isso devemos buscar os pontos corretos para cada momento, e não simplesmente cantar qualquer tipo de ponto.

Agindo dessa maneira, o Ogã vai comandar o trabalho dentro de uma ordem e de uma sequência cadenciada e com a movimentação de energias corretas, que são os principais objetivos e função de um Ogã dentro do terreiro.

EXPLICAÇÕES DE SINAIS

A partir daqui, passaremos a tratar dos assuntos do terreiro, com definições de pontos cantados e tocados. Como a grande maioria dos praticantes da Umbanda e de nosso curso toca porque precisa e não tem conhecimento musical (cifras, partituras, etc.), desenvolvemos um método prático para conciliar os leigos e os que já possuem o conhecimento musical. Todos os pontos a partir daqui estarão codificados com caracteres que facilitam o entendimento, para melhor trabalharmos as melodias e as pausas, os altos e baixos dos pontos que, se respeitados o toque indicado e as informações dos caracteres, facilitarão a forma de cantar.*

1 – → Ao cantar um ponto com este símbolo na frente, significa que o tom a ser cantado é moderado, ou seja, na sua voz natural, sem subir ou descer a nota musical.

2 – ↗ Ao cantar um ponto com este símbolo na frente, significa que o tom a ser cantado é um pouco mais alto do que o normal, ou seja, devemos subir a nota musical, procurando uma nota mais aguda.

3 – ↘ Ao cantar um ponto com este símbolo na frente, significa que o tom a ser cantado é um pouco mais baixo que o normal, ou seja, devemos procurar o tom grave.

4 – ↑ Ao cantar um ponto com este símbolo na frente, significa que o tom a ser cantado é bem alto; portanto, devemos subir bruscamente a nota musical.

5 – ↓ Ao cantar um ponto com este símbolo na frente, significa que o tom a ser cantado é bem baixo, tom grave.

---

*N.E.: Algumas palavras, nos pontos cantados, foram grafadas pelo autor conforme se canta; portanto, a revisão as manteve dessa forma.

6 – ✓   Ao cantar um ponto com este símbolo na frente, significa que o tom a ser cantado é baixo, grave, como se tivéssemos voltado a palavra com o som fechado.

7 – sai – Ao cantar um ponto em que exista alguma palavra grifada, significa que devemos sustentar a nota musical e arrastar a palavra mais um pouco, respeitando o tempo musical.

8 – /– Ao cantar um ponto com este símbolo após a palavra, significa que temos uma pausa ou um breque no ponto e que, portanto, devemos respeitar.

9 – ✓ – Ao cantar um ponto com este símbolo no final da palavra ou no final da linha, significa que, neste momento, devemos respirar no ponto, para que tenhamos calma para falar e tempo para respirar.

10 – ( ) – Ao cantar um ponto em que exista uma palavra ou sílaba entre parênteses, significa que neste momento deve ser iniciado o toque a ser praticado; é o momento (1) do toque.

Todos os próximos pontos serão classificados de acordo com sua definição e seu estilo. Eles serão identificados com o nome do toque reconhecido por nós como sendo o mais apropriado para o acompanhamento musical; nada impede que seja alterado o toque, desde que seja respeitada a forma de cantar do toque a ser praticado.

11 – (•) – Ao cantar um ponto em que exista uma palavra ou sílaba com este sinal, significa que neste momento deve ser iniciado e mantido o toque a ser praticado, mantendo o andamento.

12 (⌒) Ao tocar um ponto com este sinal de pausa, significa que temos de fazer uma pausa diferente da pausa do item 8: lá é um breque, aqui é uma pausa arrastada, como se estivéssemos passando por uma lombada.

3

COMPOSIÇÃO DOS ATABAQUES NO TERREIRO

O conjunto de atabaques no terreiro é em "trio", conjunto este também utilizado no culto de algumas nações com a denominação de RUM, RUMPI e LÊ ou RUM, RUMPI e MI. No culto de nação, cada atabaque tem um toque e uma obrigação diferente. Na Umbanda, não utilizamos esse ritual, até porque, no culto de nação, são utilizadas as varinhas de Aguidavi ou outros nomes que queiram usar. Na Umbanda, só usamos as mãos diretamente no couro.

Na Umbanda, trabalhamos usando o grave (rum), o médio (rumpi) e o agudo (lê). No atabaque grave, deve tocar o Ogã responsável pelos trabalhos, nesse caso, o melhor Ogã da casa, o mais responsável, o que conhece melhor o ritual, os pontos, os toques, os procedimentos do terreiro e o que melhor movimenta a energia cantando e tocando. Dentro da hierarquia, segue esse mesmo procedimento o Ogã do rumpi e o Ogã do lê. Como são instrumentos com sons diferentes, cabe a cada Ogã respeitar o instrumento que está tocando no momento; se estiver no grave, usar contratempos de grave; se estiver no agudo, usar contratempos de agudo; se estiver no médio, sustentar o toque e, dentro do tempo, fazer um ou outro contratempo. Esse procedimento é utilizado nas casas que usam o sistema de trio. Há casas que têm os três atabaques, mas não é um conjunto, cada um toca o que o Ogã sabe tocar. Nestas normalmente são usados três atabaques do mesmo tamanho.

Quando usamos mais que três atabaques, por exemplo cinco, devemos respeitar a sequência RUM, RUMPI, LÊ, RUMPI, RUM, como na representação seguinte. Ao lado do RUM, sempre um RUMPI e ao lado do RUMPI, sempre o LÊ.

A composição indicada para cinco é: LÊ – RUMPI – RUM – RUMPI – LÊ.

A composição indicada para três é: RUM – RUMPI – LÊ. Para esse caso, o RUM deve ficar próximo do Conga.

COMPOSIÇÃO DE ATABAQUES

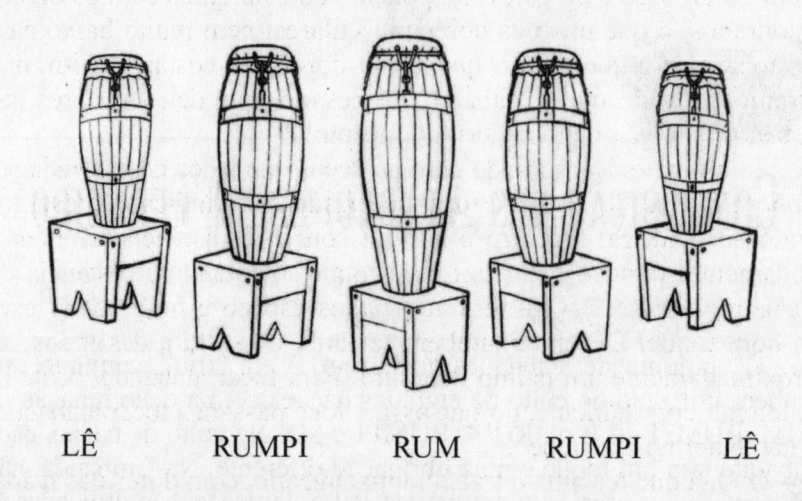

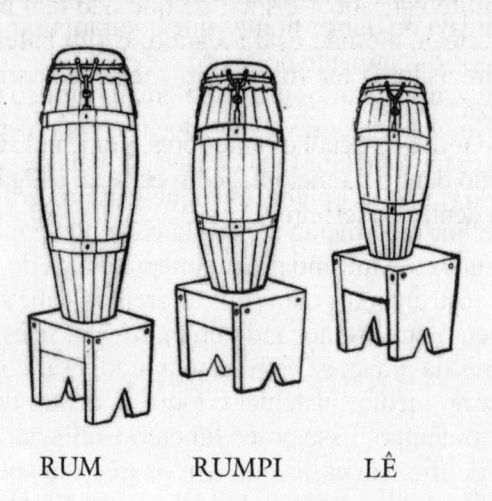

| LÊ | RUMPI | RUM | RUMPI | LÊ |

| RUM | RUMPI | LÊ |

Devemos observar sempre nossa posição e postura perante os atabaques, pois, em nossa religião, eles são instrumentos sagrados; são, com os pontos cantados, o elo entre o mundo material e o espiritual. Portanto, devemos tratá-los com todo o respeito; ao terminar de tocar o ponto, não podemos debruçar nem descansar sobre os mesmos, pois, sendo sagrados, como consideramos as imagens, guias e outras peças de nosso congá, se o fizermos, estaremos desrespeitando um instrumento de função sagrada para a nossa religião.

A altura ideal para tocar o atabaque é que o couro fique entre a altura do umbigo e do cotovelo, pois aí não estaremos com os braços pendurados, o que provoca dores musculares; nem muito baixo para não tocarmos arqueados, o que causa dores nas costas. Assim, não sairemos falando que o trabalho foi pesado, que deu até dores nas costas, foi o Ogã que tocou errado mesmo!!!

Se o Ogã estiver tocando com os dedos enrolados no esparadrapo, também é sinal de que está tocando errado. Isso indica que está tocando na madeira, no ferro e não no couro. A distância também é fundamental para se obter um bom toque; mantendo a distância de um palmo aberto, o Ogã terá adequados espaço e mobilidade para um bom toque. Devemos também ter uma boa altura das mãos, de aproximadamente um palmo de altura. Para tocar atabaque, basta se posicionar corretamente, porque assim você passará a tocar atabaque, e "não bater no atabaque".

O Ogã que termina o trabalho machucado, com dores nas mãos, nos braços e "muito cansado", é sinal de que não tem boa postura de toque, e, com certeza, ele não está tocando, e sim batendo no atabaque, pois não precisamos ter força para tocar, mas sim saber tocar com jeito e leveza.

Observando todos os detalhes anteriores, praticando um bom toque e cantando o ponto dentro da melodia, com certeza, o Ogã movimentará uma energia boa dentro do terreiro.

4

Ritual de Casamento

A cerimônia de casamento deve ser dirigida por um (a) sacerdote (isa) e nunca por um guia, pois é uma cerimônia civil religiosa, e não espiritual. Nada impede, no entanto, que, após o ato em si, possa o guia-chefe da casa incorporar no dirigente e abençoar o casamento; é até indicado que isso aconteça.

Abre-se a gira normalmente, como em todos os trabalhos espirituais da casa, defumando, fazendo tudo de acordo com os trabalhos habituais. Os noivos estarão fora do recinto. Forma-se um corredor com sete médiuns homens, simbolizando o Orixá Oxóssi, para que, nesse casamento, haja fartura e alegria em todos os sentidos; sete médiuns mulheres, simbolizando o Orixá Oxum, para que, nesse casamento, haja sempre amor e prosperidade em todos os sentidos, e a mãe Iemanjá, simbolizando um nascimento para uma nova vida. Todos deverão estar com lírios, palmas brancas e/ou espadas de São Jorge nas mãos para que tenham a firmeza de pai Ogum nessa nova caminhada.

Com o dirigente já na posição, é autorizada a entrada dos noivos.

O Ogã canta um ponto para a entrada dos noivos, e a curimba canta o bis e a parte do parabéns em tom alto (↗), com o apoio de todos os presentes.

1 (Nagô) 3x

→Eles vão rece(ber) ✓ as bênçãos no congá ✓
→Eles vão receber ✓ as bênçãos no congá ✓
→Oh, meu pai Oxalá, Oh, minha mãe Iemanjá ✓
→Abençoai os noivos aqui neste cansuá ✓
→Abençoai os noivos aqui neste cansuá ✓
→Parabéns, ↗parabéns, →parabéns, ↗parabéns,→parabéns pra↗ vocês ✓
→Parabéns,↗parabéns, →parabéns,↗parabéns, →parabéns pra vocês ✓

– 30 –

Após a entrada dos noivos e dos padrinhos, os Ogãs cantam para a incorporação; quatro médiuns, sendo dois homens e duas mulheres já determinados anteriormente pelo dirigente, receberão respectivamente os Orixás representando os pais e as mães espirituais dos noivos para acompanhar e abençoar o casamento dos filhos, como fazemos com os pais e as mães entre os encarnados.

Um ponto para cada Orixá. Se um mesmo Orixá estiver na regência do noivo e da noiva, diminua a quantidade de pontos.

Com os Orixás em terra, começa a cerimônia civil, com todas as falas do sacerdote e os proclamas do ritual.

Quando o dirigente pegar as alianças para que as eleve a Oxalá, virando para o congá, os Ogãs cantarão o ponto pedindo a Olorum as bênçãos para os noivos.

2 (Ijexá) 3x (Severino Sena)

→Pai Olorum, abençõe esta união ✔   (bis)
↗Estão aqui em vossa casa pra pedir vossa bênção ✔
↗Estão aqui em vossa casa pra pedir →vossa ben<u>ção</u> ✔

Após as bênçãos de Olorum, o(a) sacerdote(isa) leva as alianças até os pais espirituais e pede que eles também abençoem essa união. Nesse momento, com o ponto ainda sendo cantado para Olorum, o Ogã vai alternando o nome do Orixá do pai e da mãe dos noivos, mas só repetindo a frase com o nome do Orixá, por exemplo: mãe Iemanjá, abençoe esta união; meu pai Xangô, abençoe esta união; mãe Iansã, abençoe esta união; papai Ogum, abençoe esta união, e encerra o ponto saudando Olorum e os pais dos noivos.

Ao encerrar a cerimônia, os noivos recebem os parabéns dos padrinhos e dos pais e canta-se o seguinte ponto.

3 (Angola) (Severino Sena)

→Casamento (é) alegria no congá ✔
→No ter<u>r</u>eiro de Umbanda, vamos <u>to</u>dos, saravá ✔
→Casamento traz paz amor e alegria ✔
→Na casá de Oxalá / vai ter festa noite e dia ✔
→Na casá de Oxalá / vai ter festa noite e dia ✔

Este ponto deve ser cantado enquanto durarem os cumprimentos aos noivos.

Encerrando essa parte, saúdem os Orixás em terra e cantem para a subida.

Após a subida dos Orixás e do começo da saída dos noivos, canta-se para a despedida, com votos de felicidades para a nova fase da vida que se inicia. Poderemos cantar um dos pontos abaixo.

4 (Ijexá)

→ A Estrela da (Guia) guiou nosso pai ✓

→ Guiai este filho ao caminho que vai ✓

→ A Estrela da Guia guiou nosso pai ✓

→ Guiai este filho ao caminho que vai ✓

→ Oh, meu bom Jesus, nosso pai redentor ✓

→ Que na santa cruz Seu sangue derramou ✓

→ Oh, meu bom Jesus, nosso pai redentor ✓

→ Que na santa cruz Seu sangue derramou ✓

(Ijexá)
5 (Pai José Valdevino)

→ Estrela do Ori(ente) ✓ que guiou os três Reis Magos ✓

→ Para os campos de Jerusalém, ✓ onde Jesus nasceu ✓

→ Guiou com muito amor e luz ✓

→ O povo de Umbanda, os filhos de Jesus ✓

} (bis)

→ E porixala ↗ auê porixalá ✓

→ E porixala ↗ auê porixalá ✓

→ Ilumina meu espírito para estrela me guiar ✓ (bis)

Esse ponto deve ser cantado enquanto estiverem saindo os noivos, os padrinhos e os pais.

O dirigente faz uma preleção de agradecimento e canta-se para encerrar os trabalhos.

5

Os Toques

Marcação

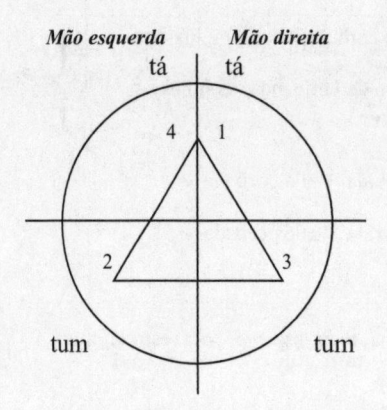

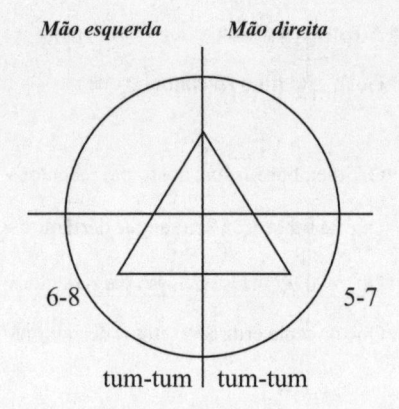

Mão esquerda — tá (4)
Mão direita — tá (1)
2, 3 — tum, tum

Mão esquerda — 6-8, tum-tum
Mão direita — 5-7, tum-tum

Falando fica assim:

Ta Tum Tum ta Tum Tum Tum Tum ta Tum Tum ta Tum Tum Tum Tum

Este é o primeiro toque que passamos em aula, é um toque com oito posições, tocado em forma de triângulo, tentando buscar o som agudo na frente do atabaque nas posições (1 e 4) e som grave no fundo do atabaque nas posições (2, 3, 5, 6, 7 e 8); devemos usar somente os quatro dedos das mãos, não usar o dedão nem a palma da mão.

Com este toque, podemos acompanhar qualquer ponto que queiram cantar, basta usar o mesmo tempo. Neste toque, não há pausa ou tempo, é sempre no mesmo andamento (velocidade) e não repete duas vezes a mesma mão.

Repiques e Contratempos

O repique na marcação substitui os toques 6, 7 e 8, usando o mesmo andamento e o local de toque. É feito da seguinte forma:

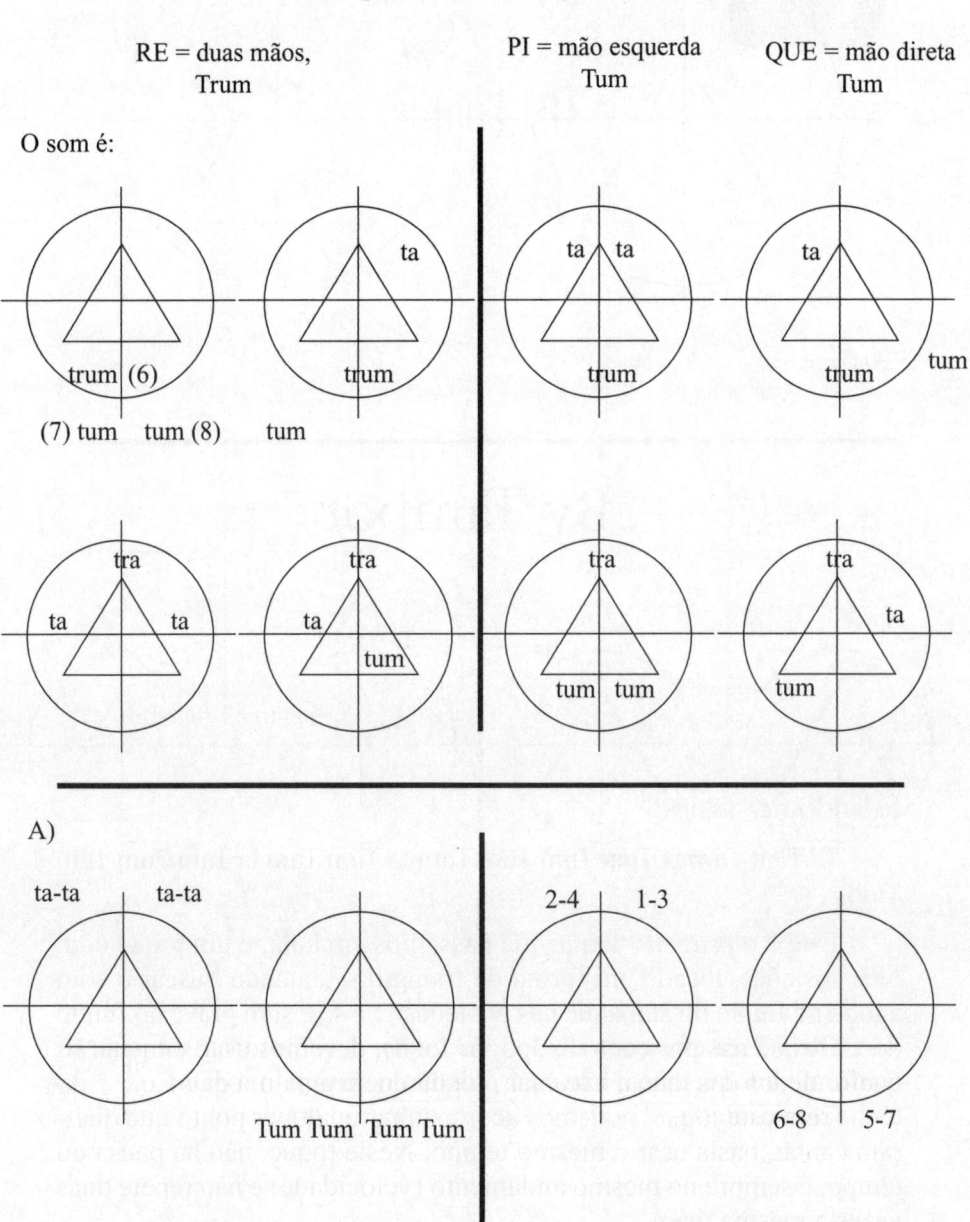

RE = duas mãos, Trum

PI = mão esquerda Tum

QUE = mão direta Tum

O som é:

A)

B)

ta⌒ta ta⌒ta-ta/   3⌒4   1⌒2-5/

By Tambor

C)

ta⌒ta ta   ta   2⌒3 1   7

Tum   Tum⌒Tum   4   5⌒6

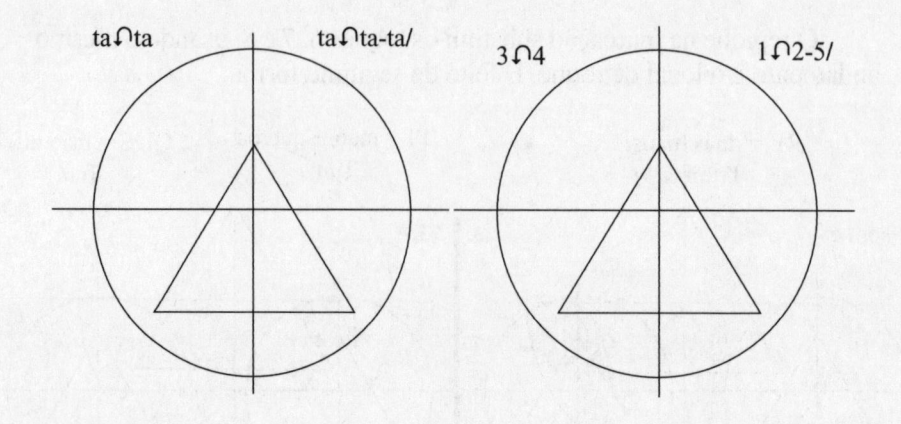

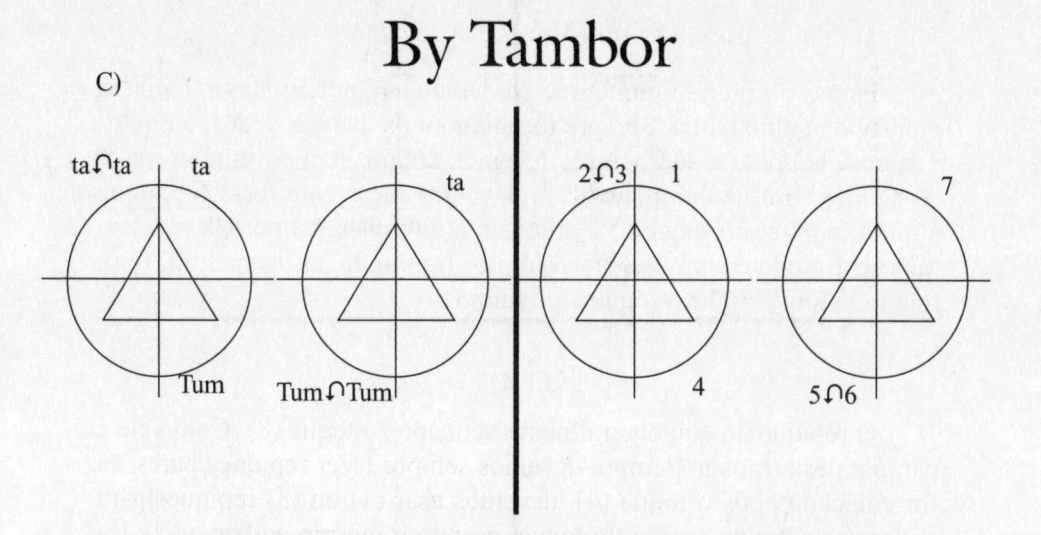

Obs.: Para este contratempo, os toques 1 e 7, mudam de posição conforme o toque que irá praticar, seguindo sempre o toque 1 e o 7 do toque praticado.

Nagô

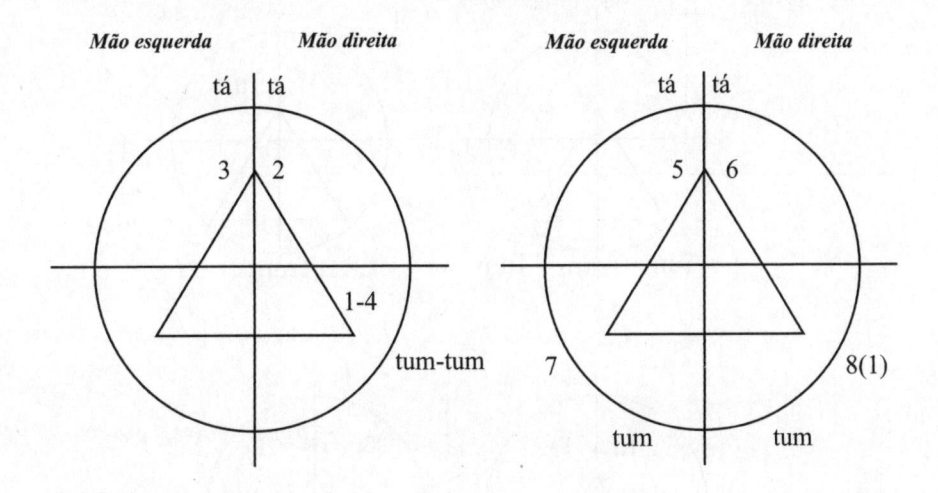

Mão esquerda *Mão direita*   *Mão esquerda* *Mão direita*

         tá | tá   tá | tá
          3   2   5   6
            1-4
          tum-tum   7   8(1)
                                       tum   tum

Tum ta ta Tum ta ta Tum Tum

Este é o segundo toque que passamos em aula, o Nagô, também conhecido como Alujá. Sempre tocado com os quatros dedos, é um toque em que, para a sua beleza, devemos definir bem os sons graves e os agudos. Em nenhuma posição, devemos tocar com mais força que a outra, porém, no toque (1), existe uma diferença, como se estivéssemos arrastando o som do (1). Exemplo: <u>Tuuum</u>, ta, ta, Tum ta, ta, Tum, <u>tuuum,</u> o toque 8 já é o toque 1 do início.

Repique

O repique no Nagô geralmente vem após o toque (8). Como ele é par, para estarmos no tempo, devemos sempre fazer repiques pares; se for colocado após o toque (4), devemos usar (1) ou (3) repiques para podermos estar no tempo do toque, usando o mesmo andamento e local de toque. Usando o repique par, ele não substitui nenhum toque, e sim usa o tempo entre o fim de um toque e o início de outro, é feito da seguinte forma:

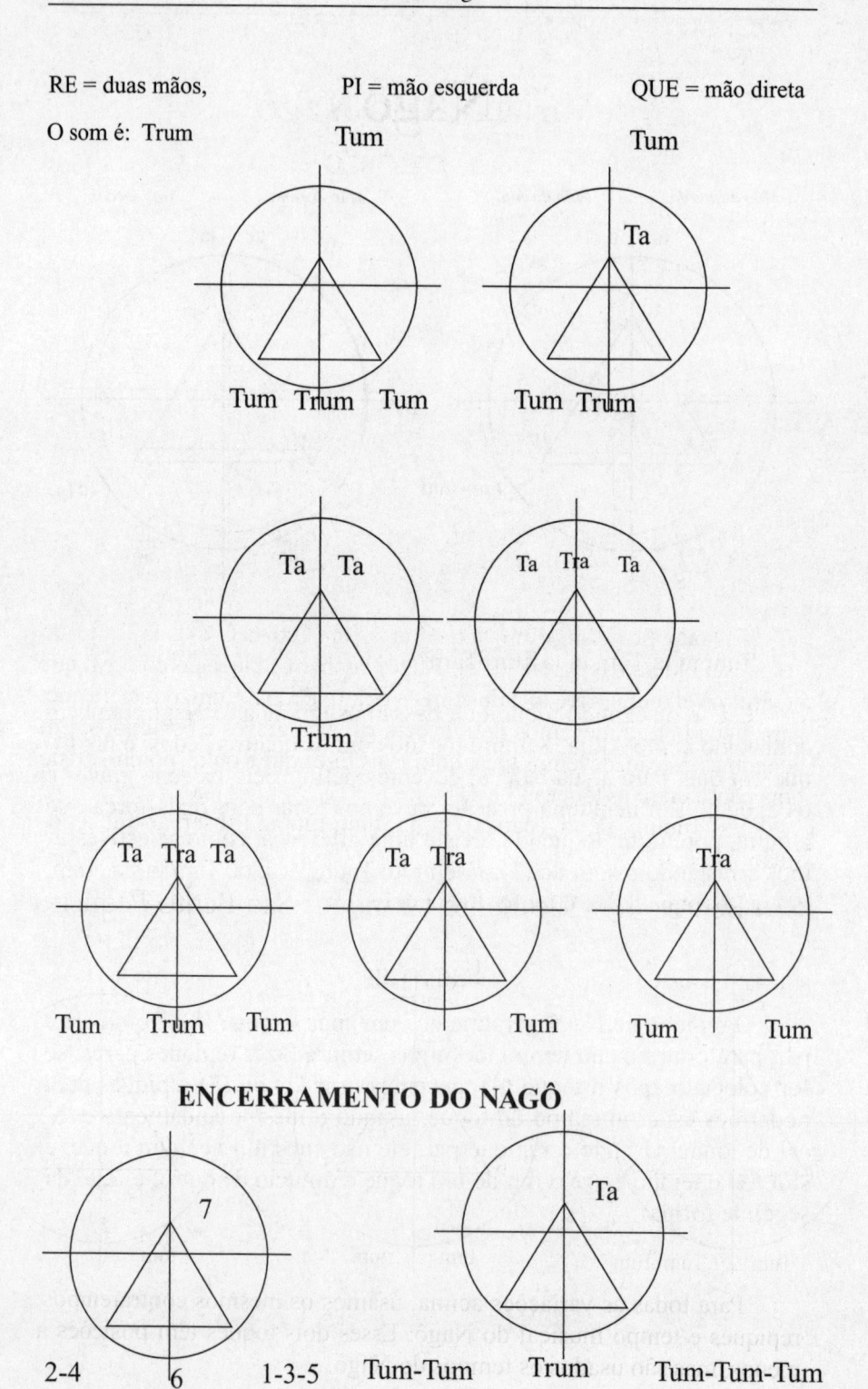

RE = duas mãos,   PI = mão esquerda   QUE = mão direta
O som é: Trum   Tum   Tum

Tum Trum Tum   Ta   Tum Trum

Ta Ta   Ta Tra Ta

Trum

Ta Tra Ta   Ta Tra   Tra

Tum Trum Tum   Tum   Tum Tum

ENCERRAMENTO DO NAGÔ

7   Ta

2-4   6   1-3-5   Tum-Tum   Trum   Tum-Tum-Tum

Variações do Nagô
Arrebate

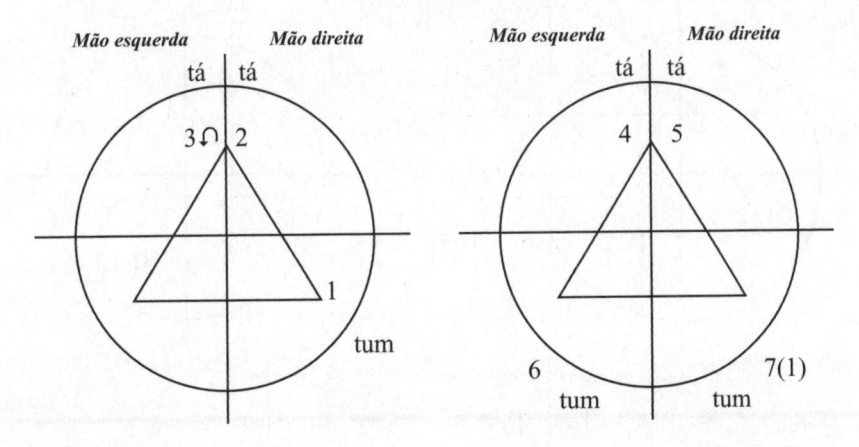

Falando, fica assim: Tum ta ta ♪ ta ta Tum Tum ta ta ♪ ta ta Tum Tum
                                1 2 3   4 5 6 1 2 3   4 5 6 1

Esta é uma das variações do Nagô, também conhecido como Toque de Preto-Velho. Sempre tocado com os quatro dedos, é um toque em que, para a sua beleza, devemos definir bem os sons graves e os agudos. Em nenhuma posição, devemos tocar com mais força que a outra, porém, existe uma pausa entre os toques (3 e 4).

Ex: Tuuum, ta, ta, (pausa), ta, ta, tum, tuuum (observar que a posição 7 já é a 1)

São Bento   São Bento Grande   São Bento Pequeno

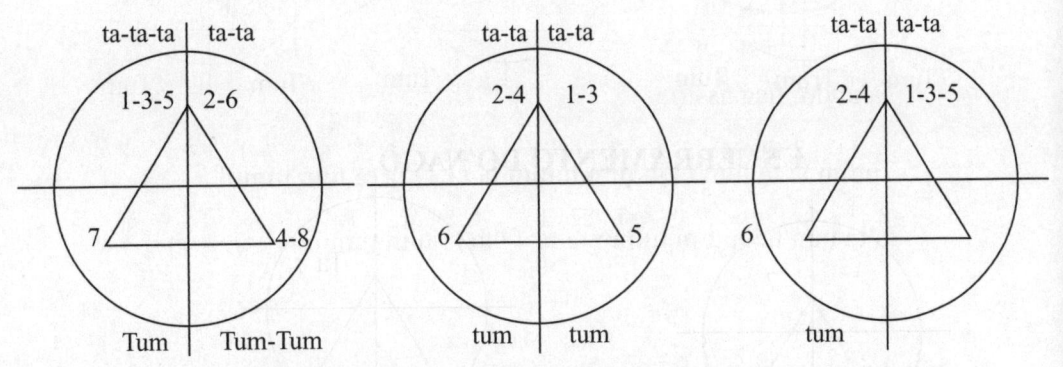

Para todas as variações acima, usamos os mesmos contratempos, repiques e tempo musical do Nagô. Esses dois toques têm posições a menos, mas são usados os tempos do Nagô.

Nagô + Arrebate

Mão esq - Mão dir　　　　　　　　　M.E.　　M.D.

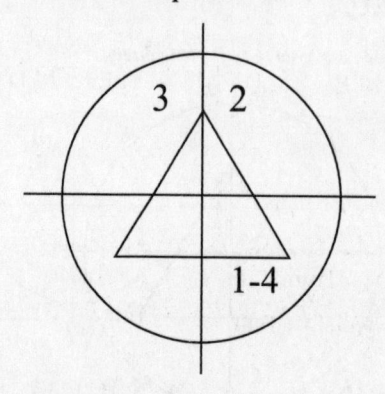

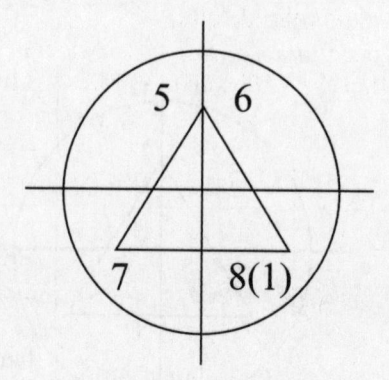

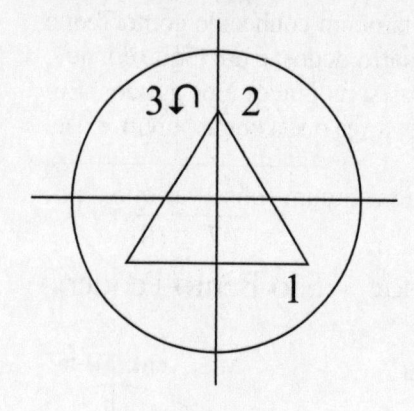

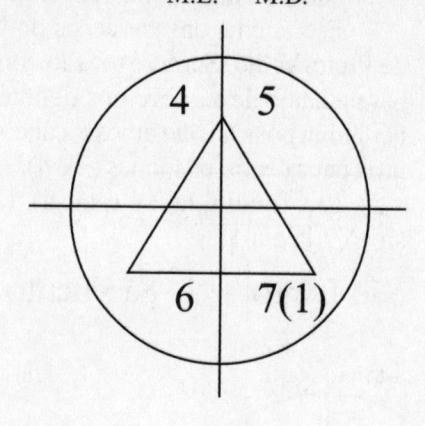

（circle with triangle: 3　2 top, 1-4 bottom）　　（circle with triangle: 5　6 top, 7　8(1) bottom）

M.E.　M.D.　　　　　　　　　　M.E.　　M.D.

（circle with triangle: 3↻　2 top, 1 bottom）　　（circle with triangle: 4　5 top, 6　7(1) bottom）

Falando, fica assim:

```
 1    2 3  4 5 6   7   8=1  2 3    4 5 6   7=1
Tumm ta ta tum ta ta tum tumm ta ta ↻ ta ta tum tumm
```
```
 2 3  4 5 6   7   8=1  2 3    4 5 6   7=1
ta ta tum ta ta tum tumm ta ta ↻ ta ta tum tumm
```

Nagô + Repiques

Lembrando que o repique será sempre: duas mãos, mão esquerda e mão direita.

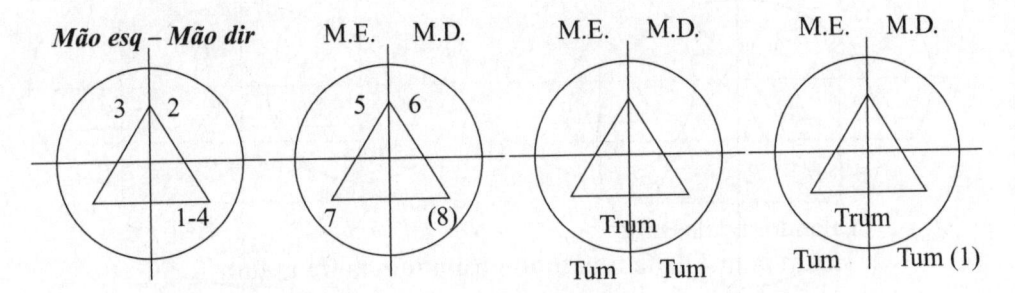

Mão esq – Mão dir

(círculos com triângulos indicando: 3, 2, 1-4 | 5, 6, 7, (8) | Trum / Tum Tum | Trum / Tum Tum (1))

Falando fica assim:

Tumm ta ta tum ta ta tum tumm Trum Tum Tum Trum Tum Tum
1   2 3 4   5 6 7   8=1

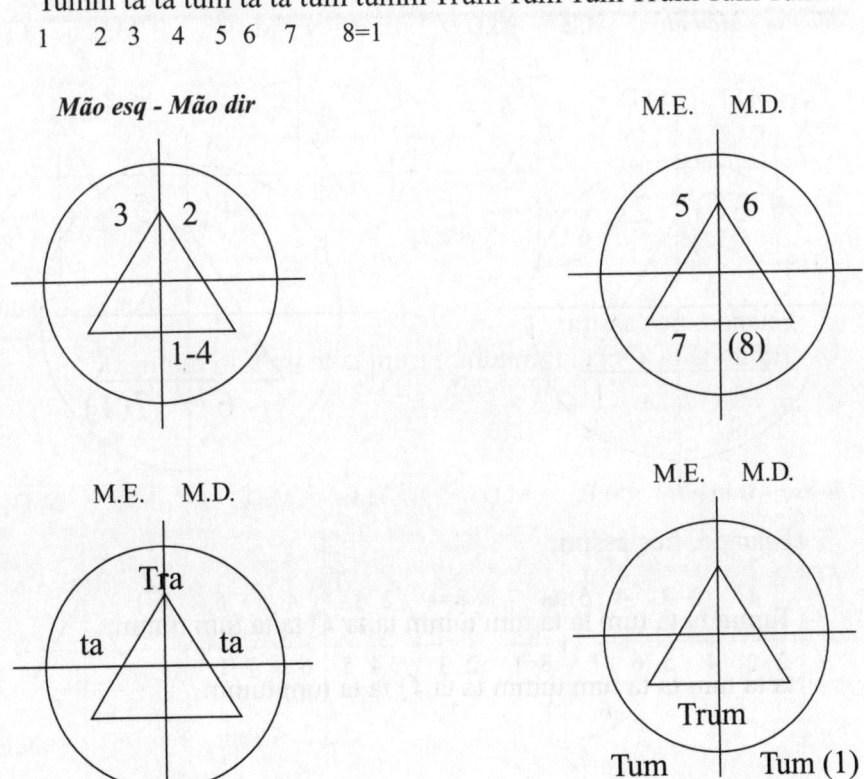

Mão esq - Mão dir

(círculo com 3, 2, 1-4)

(círculo com 5, 6, 7, (8))

(círculo com Tra / ta ta)

(círculo com Trum / Tum Tum (1))

Falando fica assim:

Tumm ta ta Tum ta ta Tum Tumm Tra ta ta Trum Tum Tum
1   2 3 4   5 6 7   8=1

Arrebate + Repiques

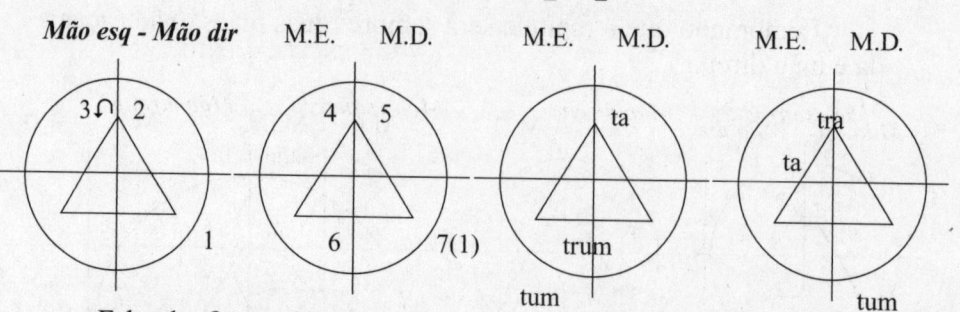

Mão esq - Mão dir

Falando, fica assim:
Tumm ta ta ⏎ta ta tum tumm trum tum ta tra ta tum
  1   2 3   4 5 6   7=1

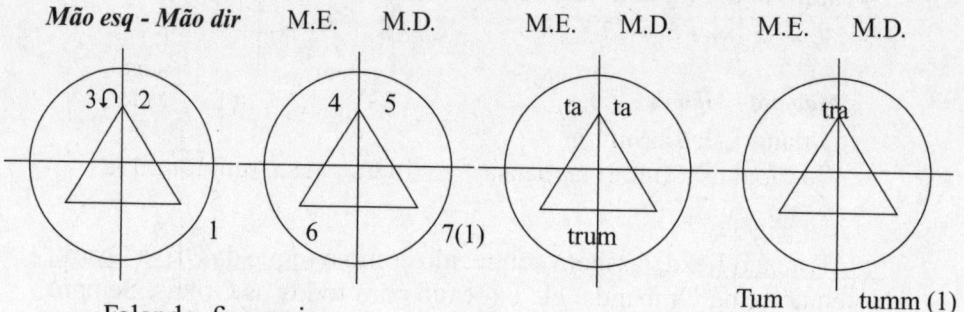

Mão esq - Mão dir

Falando, fica assim:
Tumm ta ta ⏎ta ta tum tumm trum ta ta tra tum tumm
  1   2 3   4 5 6   7=1

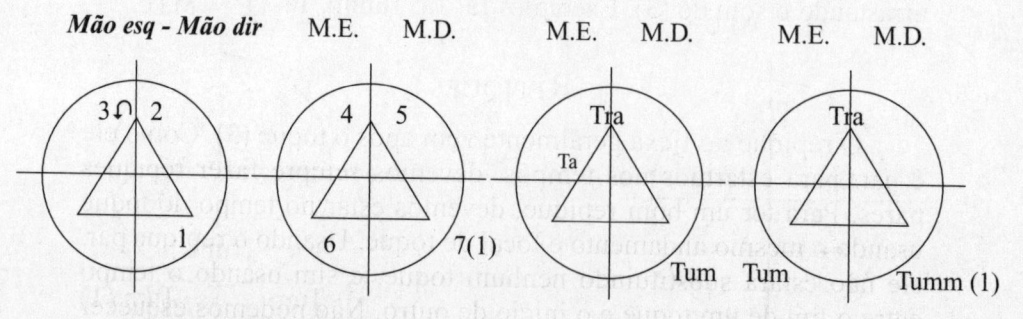

Mão esq - Mão dir

Falando, fica assim:
Tumm ta ta ⏎ta ta tum tumm tra ta tum tra tum tumm
  1   2 3   4 5 6   7=1

Ijexá

ENCERRAMENTO

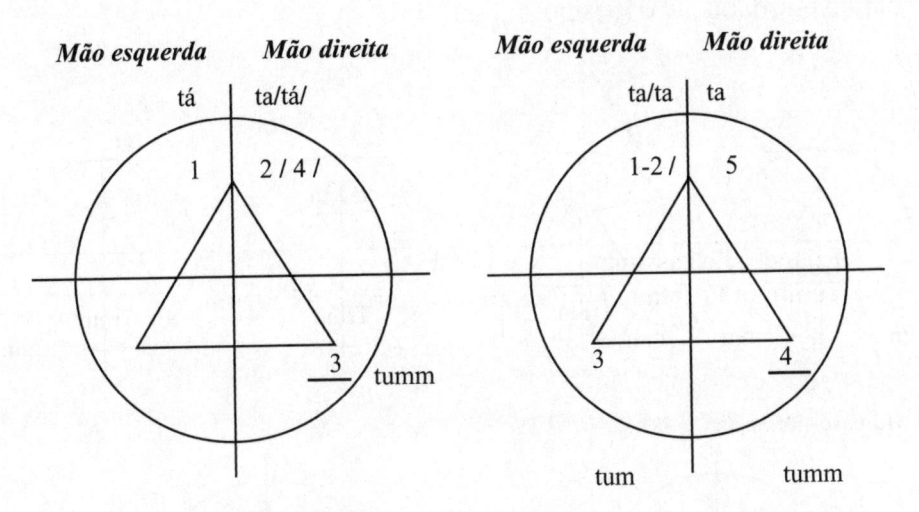

Mão esquerda   *Mão direita*   *Mão esquerda*   *Mão direita*

tá | ta/tá/   ta/ta | ta

1 | 2 / 4 /   1-2 / | 5

3 tumm   3 | 4

                                               tum   tumm

Falando, fica assim: Ta ta, pausa, tum tumm ta
Ta ta, pausa, tumm ta, pausa

Este é o Ijexá, também conhecido como o toque da Orixá Oxum. No entanto, na Umbanda, ele é tocado para todos os Orixás. Sempre tocado com os quatro dedos, é um toque em que, para a sua beleza, devemos definir bem os sons grave e os agudos, principalmente o toque (3). Em nenhuma posição, devemos tocar com mais força que a outra, porém, no toque (3), existe uma pausa, como se estivéssemos arrastando o som do (3). Exemplo: Ta, Ta, Tumm, Ta.

Repiques

O repique no Ijexá geralmente vem após o toque (3). Como ele é par, para estarmos nos tempos, devemos sempre fazer repiques pares. Para ter um bom repique, devemos estar no tempo do toque usando o mesmo andamento e local de toque. Usando o repique par, ele não estará substituindo nenhum toque, e sim usando o tempo entre o fim de um toque e o início de outro. Não podemos esquecer que o final do repique é sempre na posição (1) do toque e é feito da seguinte forma: RE = duas mãos, PI = mão esquerda, QUE = mão direta. O som é: Trum Tum   Tum.

Devemos lembrar que podemos repetir os repiques várias vezes, um ou outro, ou até o mesmo.

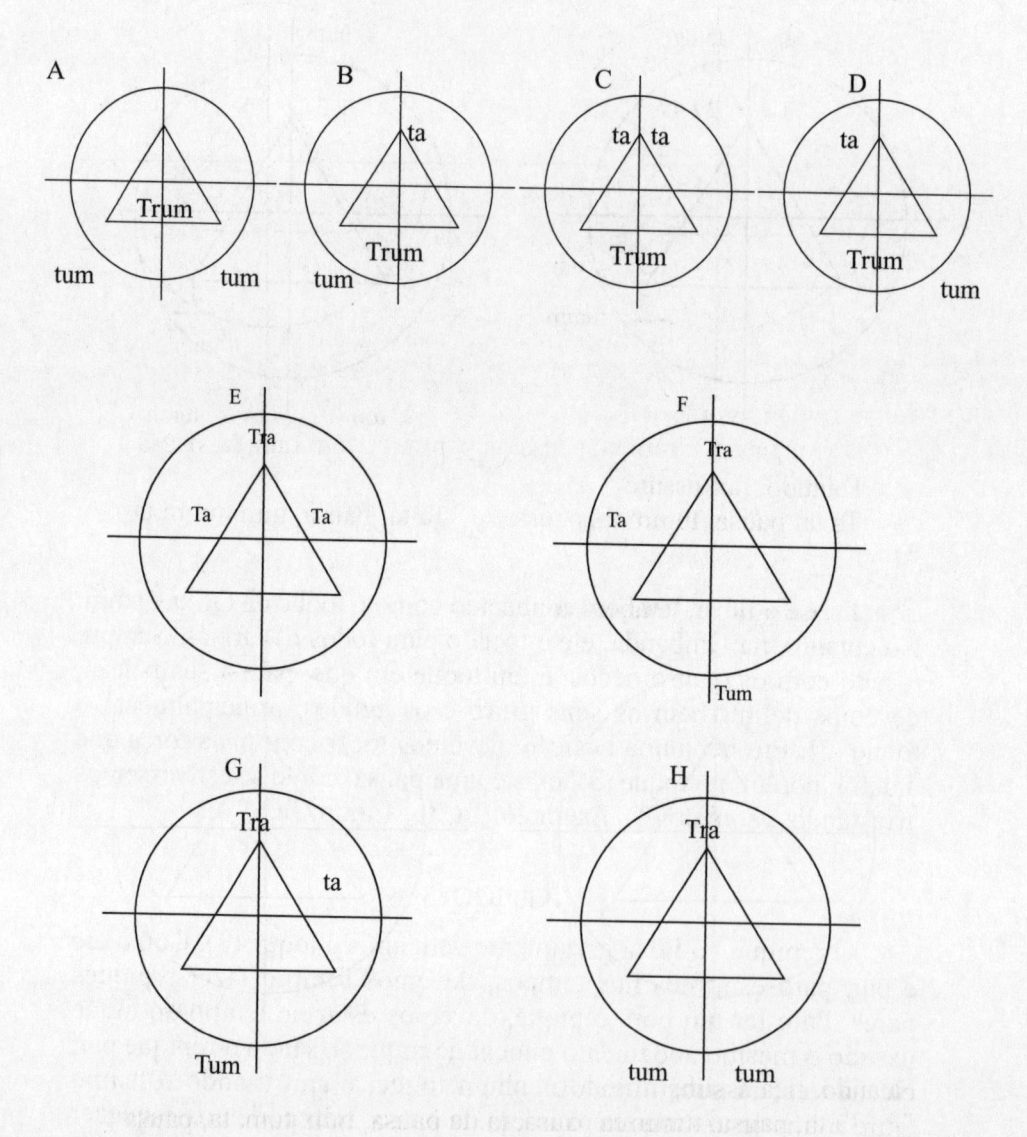

A Trum / tum tum
B ta / Trum / tum tum
C ta ta / Trum / tum
D ta / Trum / tum

E Tra / Ta Ta
F Tra / Ta / Tum

G Tra / ta / Tum
H Tra / tum tum

Ao repicar, podemos variar, AB, AC, AD, AE, AF, AG, AH, BA, BF, HE, etc.

Variações do Ijexá

1)

Mão esquerda   Mão direita

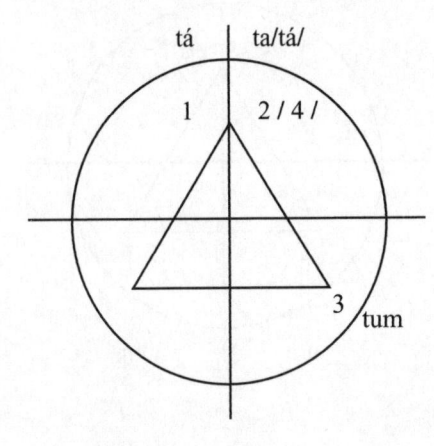

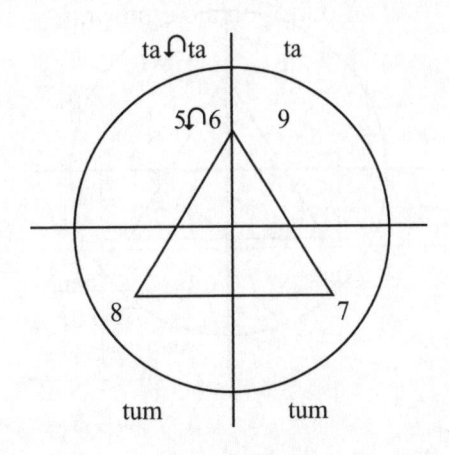

Falando, fica assim:
  Ta ta, pausa, tumm ta, pausa, ta pausa, ta, tum tum, ta, pausa
  1 2   3   4   5 ∩ 6   7   8   9

2)

Mão esquerda   Mão direita

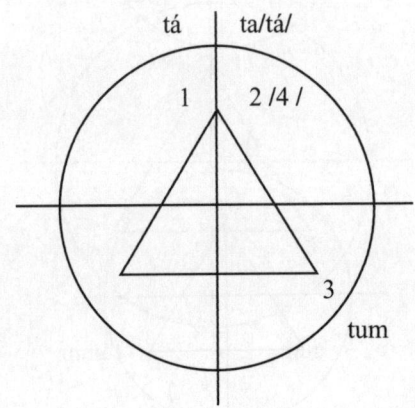

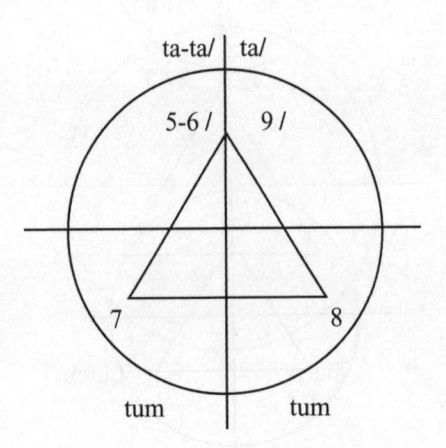

Falando, fica assim:
  Ta ta, pausa, tumm ta pausa, ta, ta pausa, tum, tum, ta, pausa
  1 2   3   4   5   6   7   8   9

3)

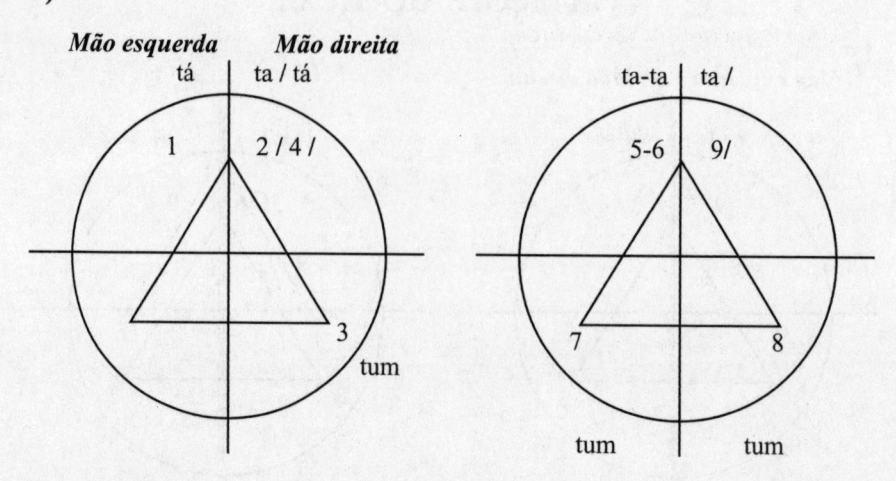

Mão esquerda — tá — 1
Mão direita — ta / tá — 2 / 4 / — 3 tum

ta-ta — 5-6
ta / — 9/
7 — 8
tum — tum

Falando, fica assim:
Ta ta, pausa, tumm ta ta ta, pausa, tum tumm ta, pausa
1 2   3   4 5 6   7   8   9

4)

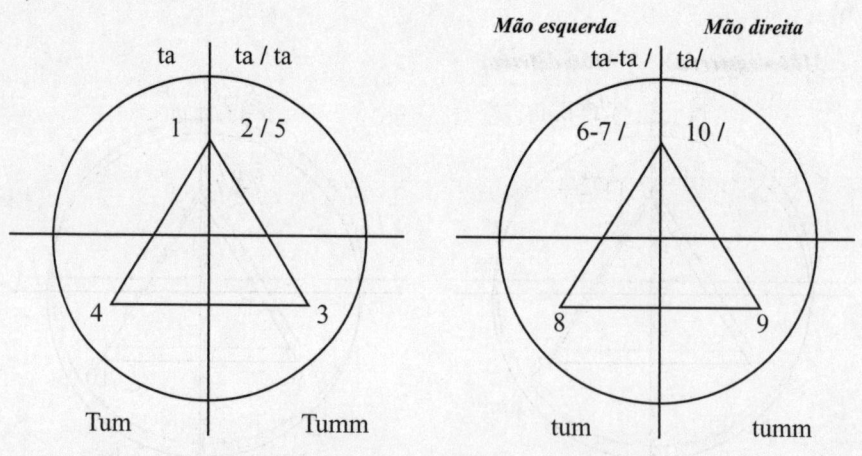

ta — 1
ta / ta — 2 / 5
4 — 3
Tum — Tumm

Mão esquerda — ta-ta / — 6-7 /
Mão direita — ta/ — 10 /
8 — 9
tum — tumm

Falando, fica assim:
Ta ta, pausa, tum tumm ta ta ta, pausa, tum tumm ta, pausa
1 2   3   4   5 6 7   8   9   10

5)

Mão esquerda *Mão direita*

```
        ta  | ta-ta                ta  | ta / ta
         1  | 2-5                 6-7 / | 10 /
         3  |  4                   8   |  9
        tum | tum                 tum  | tum
```

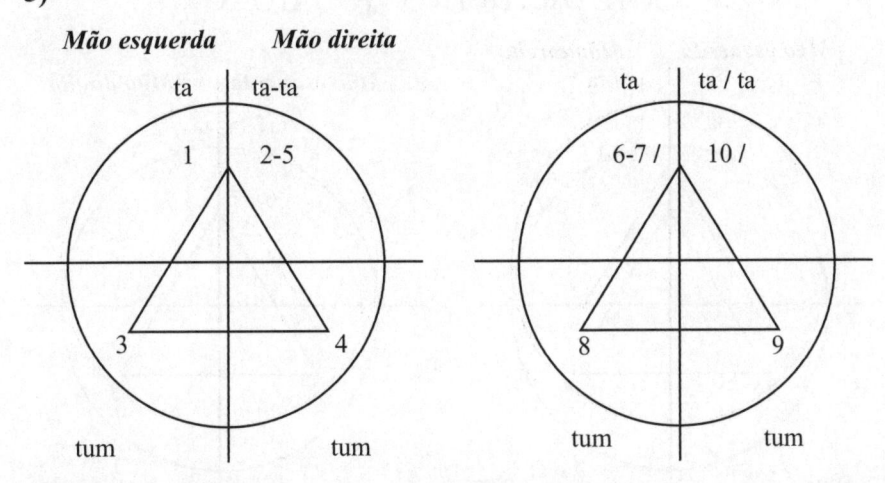

Falando, fica assim:
Ta ta tum tum ta ta ta, pausa, tum tum, pausa, ta, pausa
 1 2 3   4 5 6 7   8   9   10

Afoxé

6)

Mão esquerda *Mão direita*

```
        ta  | ta ⌒ ta-ta          ta-ta / | ta
         3  | 1⌒2-4                7-8 /  | 6
            |   5                   9    | 10
            | tumm                 tum   | tumm
```

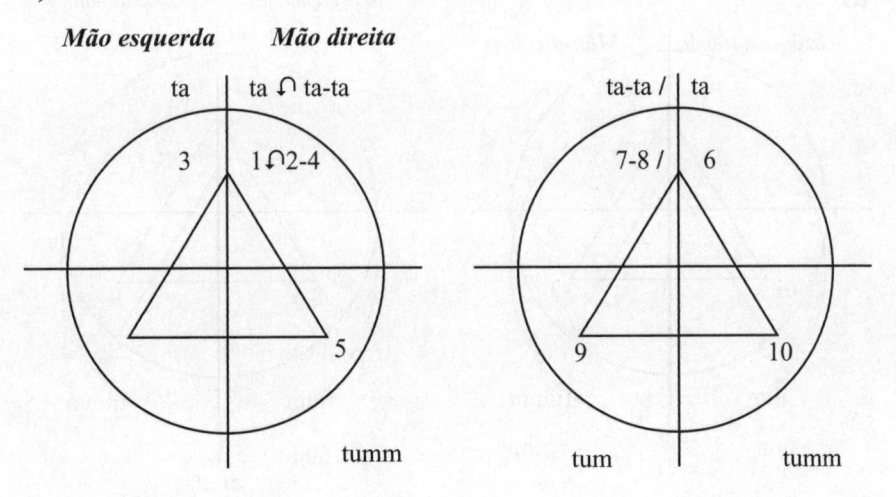

Falando, fica assim:
ta, pausa, ta ta ta tumm ta ta ta/tum tumm
 1   2 3 4 5   6 7 8 9   10

Complemento do Afoxé

Mão esquerda   *Mão direita*

```
    ta  |  ta              ta↷ta | ta
      2 | 1                  6↷7 | 5
  ─────────────         ─────────────
     4     3                9      8
   tum     tumm           tum    tum
```

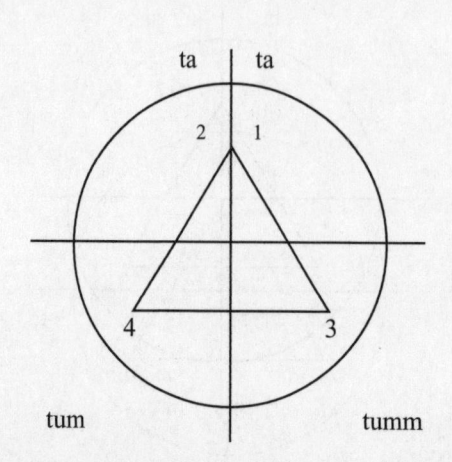

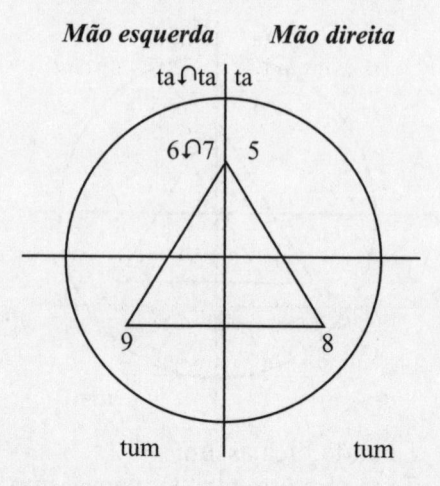

7)
Falando, fica assim:
Ta ta tum tum ta ta, pausa, ta tum tum
1 2 3   4   5 6   ↷   7 8   9

8)

Mão esquerda   *Mão direita*

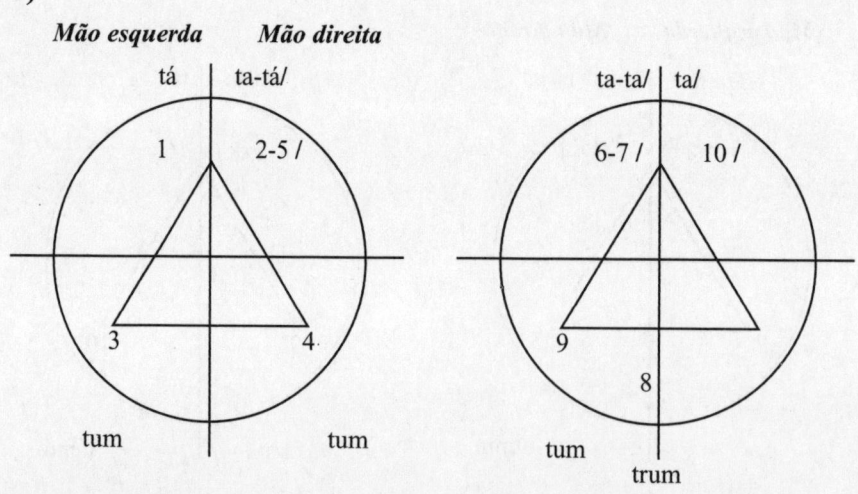

```
    tá  | ta-tá/            ta-ta/ | ta/
     1  | 2-5 /              6-7 / | 10 /
  ─────────────          ─────────────
     3     4                 9
                                8
   tum    tum              tum
                              trum
```

Falando, fica assim:
Ta ta tum tum ta ta ta, pausa, trum tum, ta, pausa
1 2 3   4   5 6 7   8   9   10

Afoxé + Repique

9)

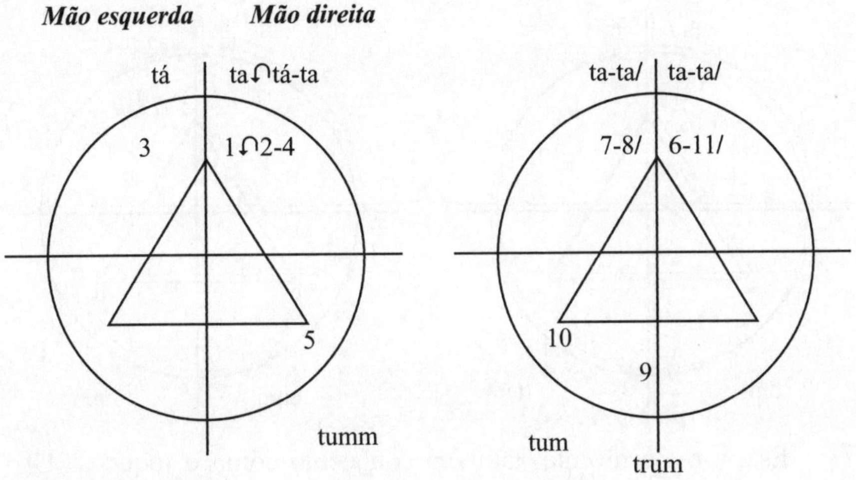

Mão esquerda
Mão direita
tá
ta∩tá-ta
3
1∩2-4
5
tumm
ta-ta/
ta-ta/
7-8/
6-11/
10
9
tum
trum

Falando, fica assim:

Ta, pausa, ta ta, ta tum ta ta ta pausa, trum tum ta, pausa
1 ∩ 2 3 4 5 6 7 8 / 9 10 11 /

BARRAVENTO

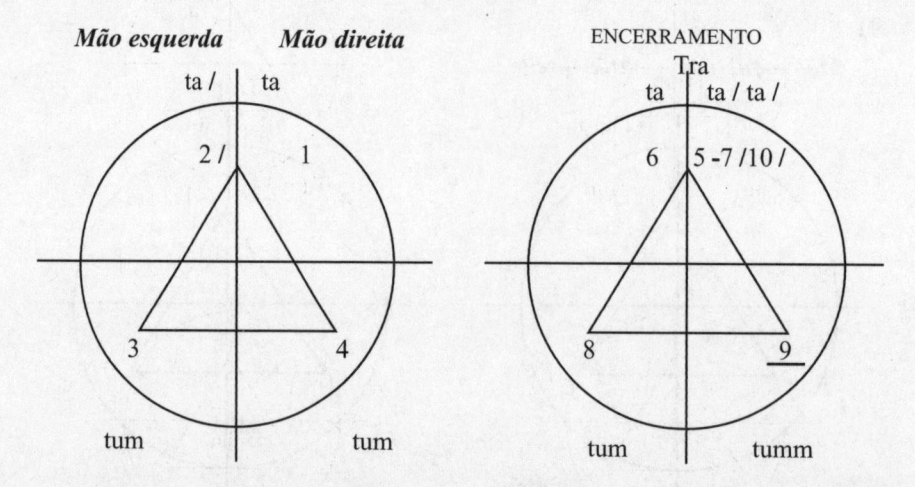

Mão esquerda   *Mão direita*   ENCERRAMENTO

```
        ta /  | ta                        T ra
                                    ta  |  ta / ta /
          2 /   1                      6  |  5 -7 /10 /


        3       4                     8         9

        tum     tum                   tum       tumm
```

Este é o Barravento, também conhecido como o toque da Orixá Iansã. No entanto, na Umbanda, ele é tocado para todos os Orixás. Sempre tocado com os quatro dedos, é um toque em que, para a sua beleza, devemos definir bem os sons grave e os agudos, principalmente os toques (1 e 2). Em nenhuma posição, devemos tocar com mais força que a outra.

REPIQUES

O repique no Barravento geralmente vem após o toque (4). Como ele é par, para estarmos nos tempos, devemos sempre fazer repiques pares. Para ter um bom repique, devemos estar no tempo do toque usando o mesmo andamento e local de toque. Podemos criar qualquer variação, porém, devemos sempre voltar ao toque inicial, pois é ele que define o toque e o balanço.

No Barravento, o encerramento do repique não é igual aos outros toques; o repique é feito completo para depois entrarmos no toque, diferentemente do repique na marcação, que é o último toque do repique, sendo já o primeiro da marcação.

O repique é feito da seguinte forma: RE = duas mãos, PI = mão esquerda, QUE = mão direta.

O som é: Trum   Tum   Tum

Além das variações abaixo, podemos criar muito mais, basta respeitar o tempo ou repetir um ou outro quantas vezes quiser.

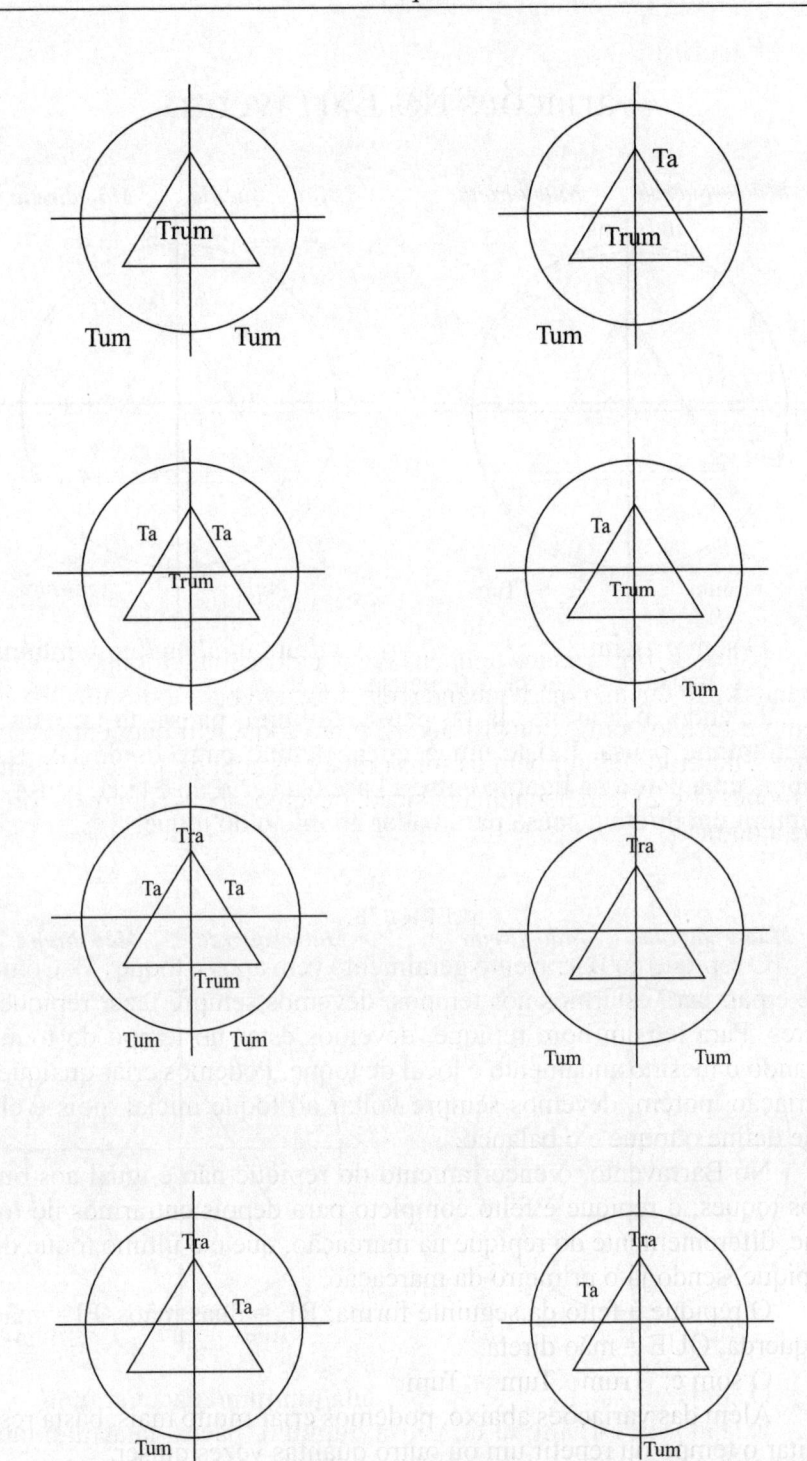

Os Toques

```
        Trum                    Ta
                              Trum
   Tum      Tum            Tum


    Ta   Ta                 Ta
      Trum                  Trum
                                     Tum


    Tra                      Tra
   Ta  Ta
      Trum
   Tum    Tum            Tum    Tum


      Tra                      Tra
        Ta                  Ta
    Tum                        Tum
```

Variações do Barravento

1)

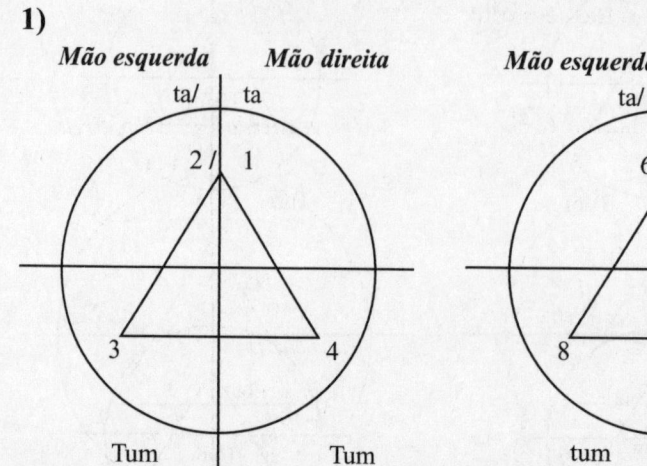

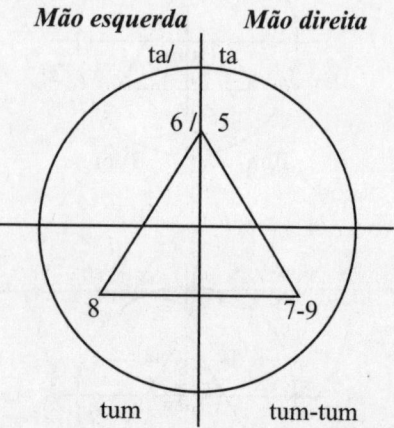

Mão esquerda | *Mão direita*
ta/ | ta
2/ 1
3 4
Tum | Tum

Mão esquerda | *Mão direita*
ta/ | ta
6/ 5
8 7-9
tum | tum-tum

O som é assim: tata/tum tum/tata/tumtumtum/
1 2, pausa, 3 4, pausa, 5 6, pausa, 7 8 9

Falando, fica assim: ta ta, pausa, tumtum, pausa, ta ta, pausa, tumtumtum, pausa. Existe um pequeno tempo entre os dois ta tas, depois uma pausa na ligação entre a base e a variação e ta ta, pausa, e tumtumtum direto e pausa para voltar ao início do toque.

2)

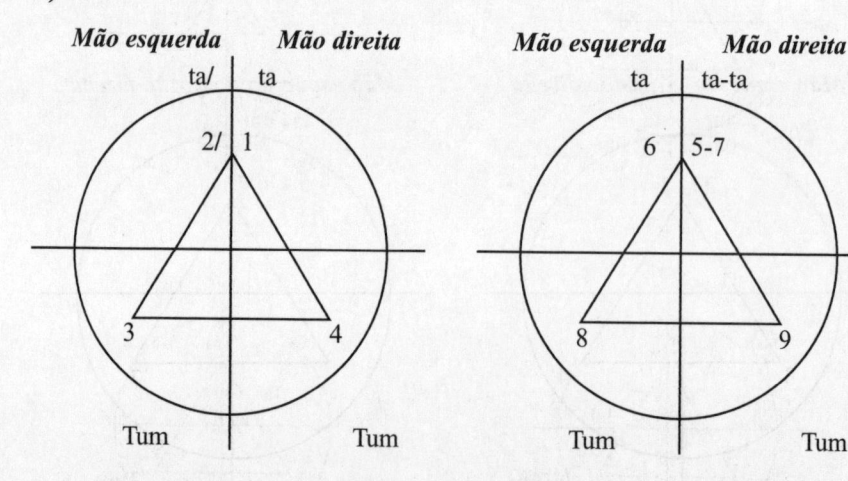

Mão esquerda | *Mão direita*
ta/ | ta
2/ 1
3 4
Tum | Tum

Mão esquerda | *Mão direita*
ta | ta-ta
6 5-7
8 9
Tum | Tum

O som é: tata/tumtum/tatata tumtum/

Falando, fica assim: ta ta, pausa, tumtum, pausa, tatatatumtum, pausa. Essa variação usa tempo diferente da anterior, ela não tem pausa no meio da segunda parte, só na primeira e nas ligações entre a base e a variação, depois o toque é reto.

3)

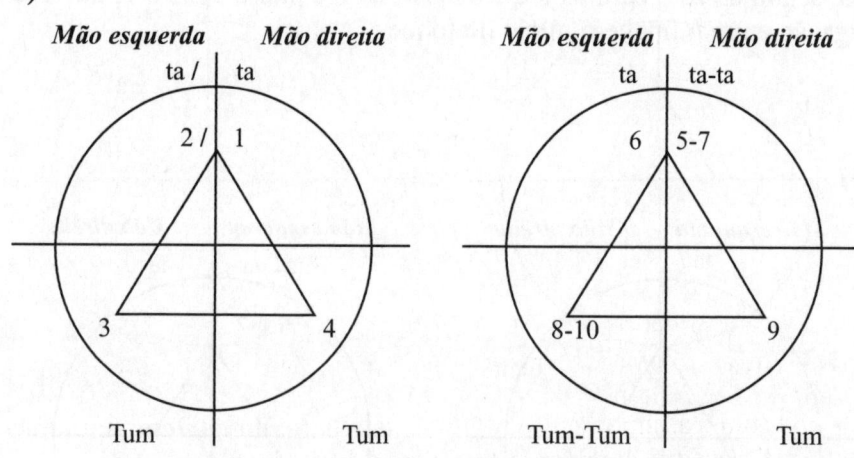

Mão esquerda	Mão direita	Mão esquerda	Mão direita
ta /	ta	ta	ta-ta
2 / 1		6 / 5-7	
3	4	8-10	9
Tum	Tum	Tum-Tum	Tum

O som é assim: tata/tum tum/tatata tumtumtum

Falando, fica assim: ta ta, pausa, tumtum, pausa, tatatatum tumtum. Existe um pequeno tempo entre os dois ta tas, depois uma pausa na ligação entre a base e a variação e a segunda parte direto, tatatatumtumtum, e não tem a pausa entre o final e o início.

4)

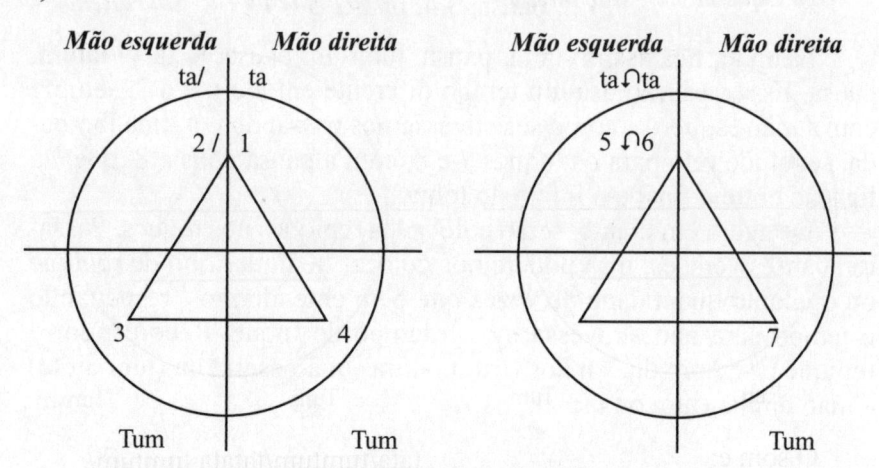

Mão esquerda	Mão direita	Mão esquerda	Mão direita
ta/	ta	ta ⌒ ta	
2 / 1		5 ⌒ 6	
3	4		7
Tum	Tum		Tum

O som é: ta ta /   tumtum /   ta ⌒ ta tum/
1 2, pausa, 3 4, pausa, 5 ⌒ 6 7, pausa

Falando, fica assim: ta ta, pausa, tumtum, pausa, ta ⌒ tatum, pausa. Essa variação usa um tempo diferente entre o 5 e o 6, sempre com a mão esquerda, como se estivéssemos passando por uma lombada, seguindo reto para os toques 6 e 7, com a pausa após o 7, que é a ligação entre o final e o início do toque.

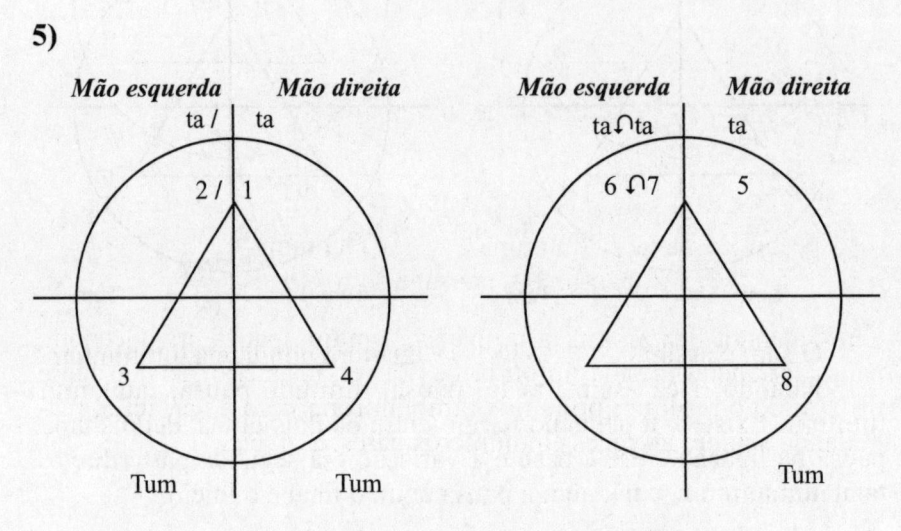

5)

Mão esquerda	Mão direita	Mão esquerda	Mão direita
ta /	ta	ta ⌒ ta	ta
2 / 1		6 ⌒ 7	5
3	4		8
Tum	Tum		Tum

O som é assim: ta ta/ tumtum / tata ⌒ tatum/
1 2, pausa, 3 4, pausa, 5 6 ⌒ 7 8

Falando, fica assim: ta ta, pausa, tumtum, pausa, ta ta ⌒ tatum, pausa. Essa variação usa um tempo diferente entre o 6 e o 7, sempre com a mão esquerda, como se estivéssemos passando por uma lombada, seguindo reto para os toques 7 e 8, com a pausa após o 8, que é a ligação entre o final e o início do toque.

De agora em diante, serão colocados repiques nos toques. Passaremos três versões, mas poderemos colocar qualquer tipo de repique ou qualquer quantidade de vezes que bem entendermos, respeitando o tempo para não atravessarmos o tempo do toque. Recordando: o repique é sempre duas mãos (trum ou tra), mão esquerda (tum ou ta) e mão direita (tum ou ta).

6)

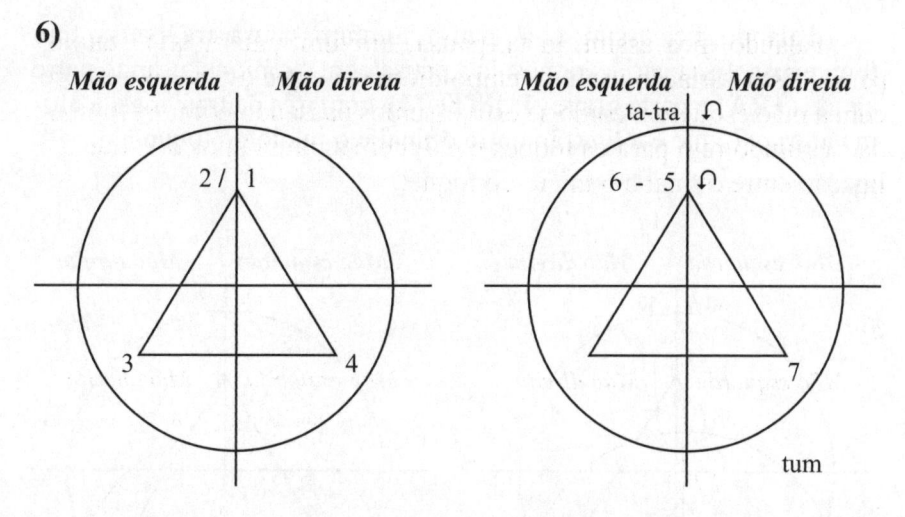

Mão esquerda *Mão direita*   *Mão esquerda* *Mão direita*

O som é: ta ta / tumtum / tra ↷ta tum /
1 2, pausa, 3 4, pausa, 5 ↷ 6 7, pausa

Falando, fica assim: ta ta, pausa, tumtum, pausa, tra ↷ tatum, pausa, usando as mesmas informações da versão anterior, só que agora utilizando o repique; podemos também repetir só a variação, respeitando sempre as vezes em números pares: 2, 4, etc.

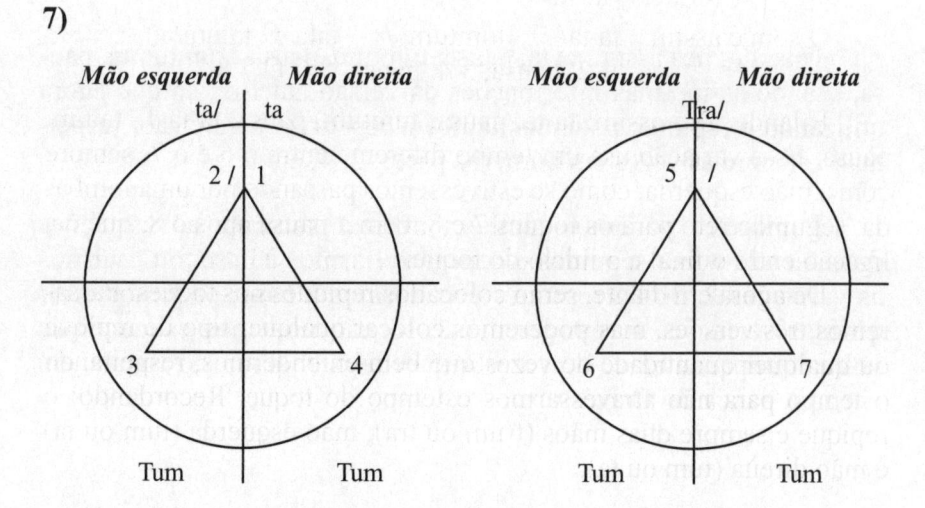

7)

Mão esquerda *Mão direita*   *Mão esquerda* *Mão direita*

O som é assim: ta ta/ tumtum/ tra/ tumtum/
1 2, pausa, 3 4, pausa, 5, pausa, 6 7, pausa

Falando, fica assim: ta ta, pausa, tumtum, pausa, tra, pausa, tum tum, pausa. Essa variação mescla a pausa com o repique, usando parte agudo (TRA) e parte grave (TUMTUM), com três pausas, mais a última após o 7, que é a ligação entre o final e o início do toque.

8)

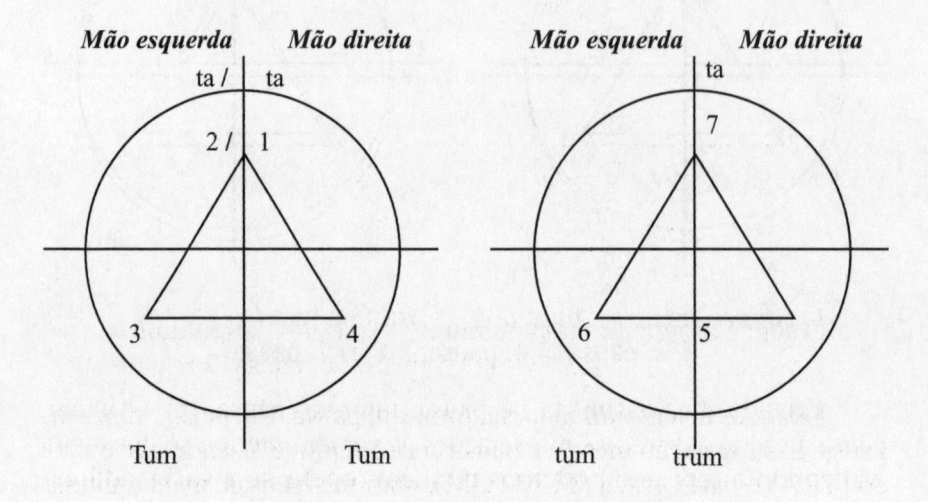

Mão esquerda   *Mão direita*   *Mão esquerda*   *Mão direita*

ta /   ta   ta

2 /   1   7

3   4   6   5

Tum   Tum   tum   trum

O som é: ta ta/   tumtum/   trum tum ta/
            1 2, pausa, 3 4, pausa, 5   6   7, pausa

Falando, fica assim: ta ta, pausa, tumtum, pausa, trumtumta, pausa, usando as mesmas informações da versão anterior, só que agora utilizando o repique; podemos também repetir só a variação, respeitando sempre as vezes em números pares: 2, 4, etc.

Lembrete: podemos também utilizar somente as variações duas ou três vezes seguidas e depois voltarmos à base, ou usarmos as variações 2, 3, 4 e repiques e voltarmos à base; podemos criar quantas variações forem possíveis, só não podemos esquecer de voltar sempre à base, pois é ela que dá o balanço do toque, em cima da dança do Orixá.

9)

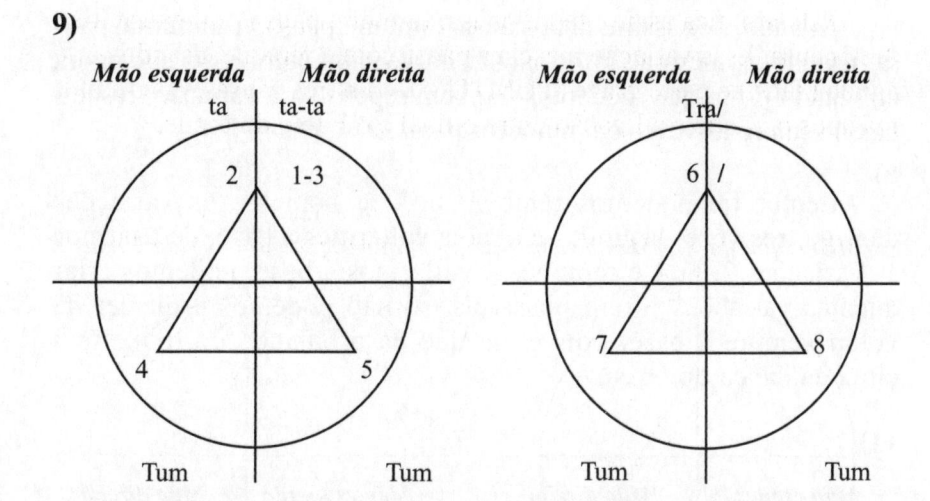

Mão esquerda	Mão direita		Mão esquerda	Mão direita
ta	ta-ta		Tra/	
2	1-3		6 /	
4	5		7 8	
Tum	Tum		Tum	Tum

O som é assim: ta ta ta tumtum/   tra/   tumtum/
                 1 2 3 4   5, pausa, 6, pausa, 7 8, pausa

Falando, fica assim: ta ta, ta, tumtum, pausa, tra, pausa, tumtum, pausa. Essa variação mescla a pausa com o repique, usando parte agudo (TRA) e parte grave (TUMTUM), com três pausas, mais a última após o 8, que é a ligação entre o final e o início do toque.

Nesse caso, já estamos usando a variação de cinco toques, sendo três agudos e dois graves, e não a base original de quatro toques.

10)

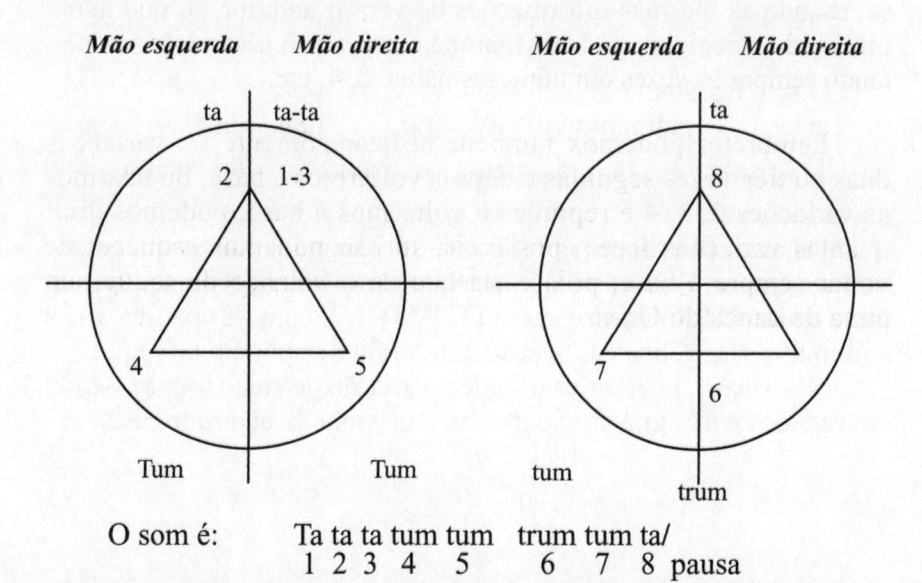

Mão esquerda	Mão direita		Mão esquerda	Mão direita
ta	ta-ta		ta	
2	1-3		8	
4	5		7 6	
Tum	Tum		tum	trum

O som é: Ta ta ta tum tum   trum tum ta/
           1 2 3 4   5   6   7   8 pausa

Falando, fica assim: ta ta, pausa, tumtum, pausa, trumtumta, pausa; usando as mesmas informações da versão anterior, só que agora utilizando o repique, podemos também repetir só a variação, respeitando sempre as vezes em números pares: 2, 4, etc.

Lembrete: podemos também utilizar somente as variações duas ou três vezes seguidas e depois voltarmos à base, ou usarmos as variações 2, 3, 4 e repiques e voltarmos à base; podemos criar quantas variações forem possíveis, só não podemos esquecer de voltar sempre à base, pois é ela que dá o balanço do toque, em cima da dança do Orixá.

11)

Mão esquerda   *Mão direita*   *Mão esquerda*   *Mão direita*

     ta /   ta   Tra/

     2 /   1   6   /

     4   3-5   7   8

   Tum   Tum-Tum   Tum   Tum

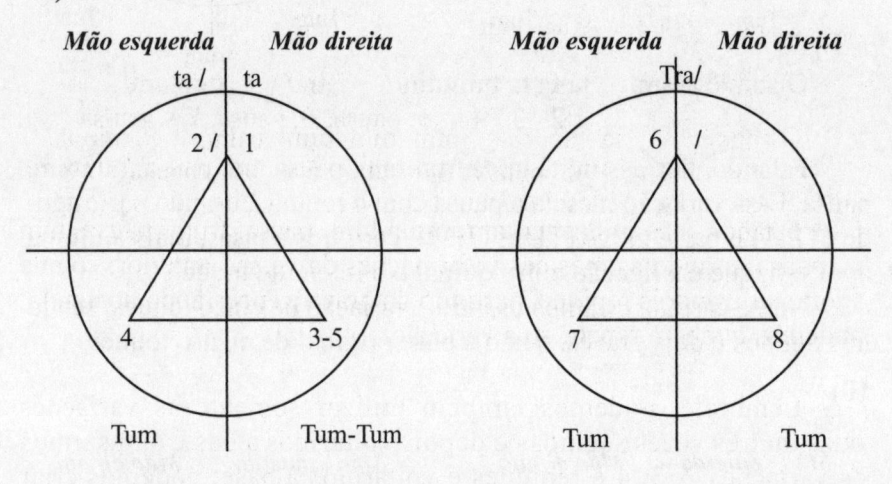

O som é assim:
ta ta/   tum tum tum/   tra/   tum tum/
1 2 pausa   3   4   5   pausa   6 pausa 7   8   pausa

Falando, fica assim: ta ta, pausa, tumtumtum, pausa, tra, pausa, tumtum, pausa. Essa variação mescla a pausa com o repique, usando parte agudo (TRA) e parte grave (TUMTUM), com três pausas, mais a última após o 8, que é a ligação entre o final e o início do toque.

Nesse caso, já estamos usando a variação de cinco toques, sendo dois agudos e três graves, e não a base original de quatro toques.

12)

Mão esquerda | *Mão direita*   *Mão esquerda* | *Mão direita*

```
        ta/   ta                          ta
         2/   1                            8


     4         3-5                     7      6


       Tum    Tum-Tum                 Tum
                                            trum
```

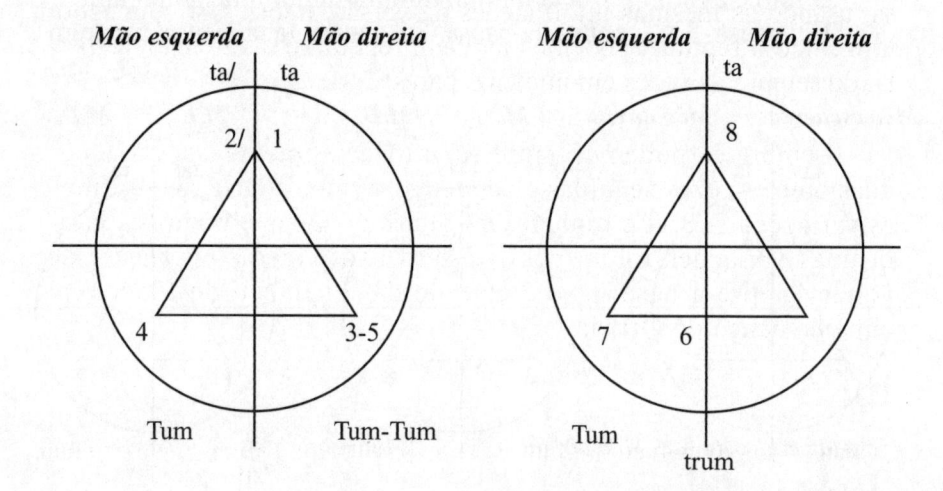

O som é: ta ta/   tum tum tum   trum   tum ta/
             1 2 pausa   3   4   5   6 pausa 7   8 pausa

Falando, fica assim: ta ta, tumtumtum, pausa, trum, pausa, tum ta, pausa, usando as mesmas informações da versão anterior; só que agora, utilizando o repique, partindo do grave e encerrando no agudo, podemos também repetir só a variação.

Lembrete: podemos também utilizar somente as variações duas ou três vezes seguidas e depois voltarmos à base, ou usarmos as variações 2, 3, 4 e repiques e voltarmos à base; podemos criar quantas variações forem possíveis, só não podemos esquecer de voltar sempre à base, pois é ela que dá o balanço do toque, em cima da dança do Orixá.

13)
O som é assim: ta ta/tumtumtum/tra/tumtum/ta ta/tum tum
1 2, pausa, 3 4 5, pausa, 6, pausa, 7 8, pausa, ta ta, pausa, tum tum

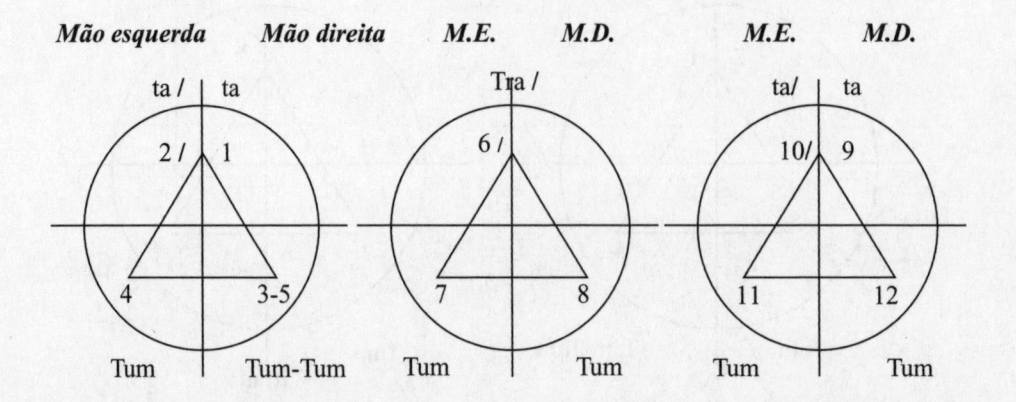

Mão esquerda	Mão direita	M.E.	M.D.	M.E.	M.D.
ta /	ta	Tra /		ta/	ta
2 /	1	6 /		10/	9
4	3-5	7	8	11	12
Tum	Tum-Tum	Tum	Tum	Tum	Tum

Fica assim: ta ta, pausa, tumtumtum, pausa, tra, pausa, tumtum, pausa, ta ta, pausa, tum tum.

Essa variação mescla a pausa com o repique, usando parte agudo (TRA) e parte grave (TUMTUM).

Nesse caso, já estamos usando a variação de cinco toques, sendo dois agudos e três graves, acrescentado aí a base original de quatro toques.

O som é: ta ta/tumtumtum/trum/tumta/tata/tumtum
1 2, pausa, 3 4 5, pausa, 6, pausa, 7 8, pausa, ta ta, pausa, tum tum

14)

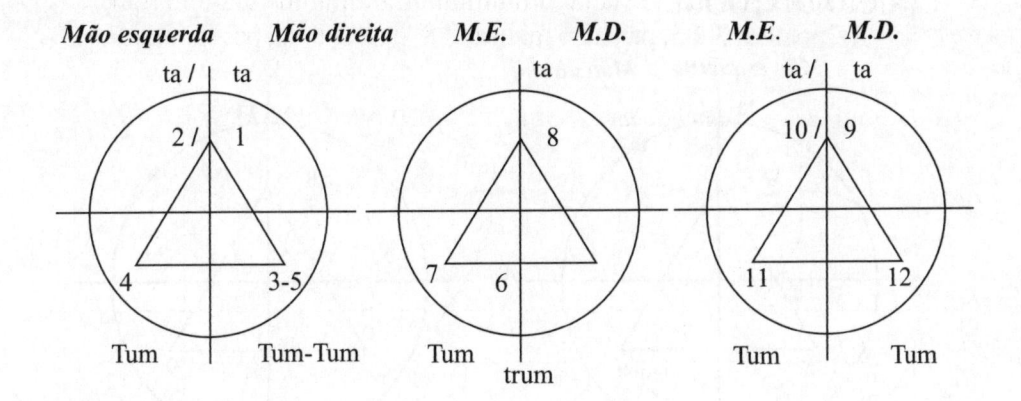

| Mão esquerda | Mão direita | M.E. | M.D. | M.E. | M.D. |

```
     ta /  ta              ta              ta /  ta
      2 /  1                8              10 /  9
      4   3-5            7    6            11    12
     Tum  Tum-Tum         Tum              Tum   Tum
                          trum
```

Fica assim: ta ta, pausa, tumtumtum, pausa, trum, pausa, tum ta, pausa, ta ta tum tum.

Usando as mesmas informações da versão anterior, só que agora utilizando o repique, partindo do grave e encerrando no agudo, podemos também repetir só a variação.

Lembrete: podemos também utilizar somente as variações duas ou três vezes seguidas e depois voltarmos à base, ou usarmos as variações 2, 3, 4 e repiques e voltarmos à base; podemos criar quantas variações forem possíveis. Vamos parar aqui, pois a quantidade de variações vai depender de quem estiver tocando, só não podemos esquecer de voltar sempre à base, pois é ela que dá o balanço do toque, em cima da dança do Orixá.

Angola

INÍCIO DO TOQUE

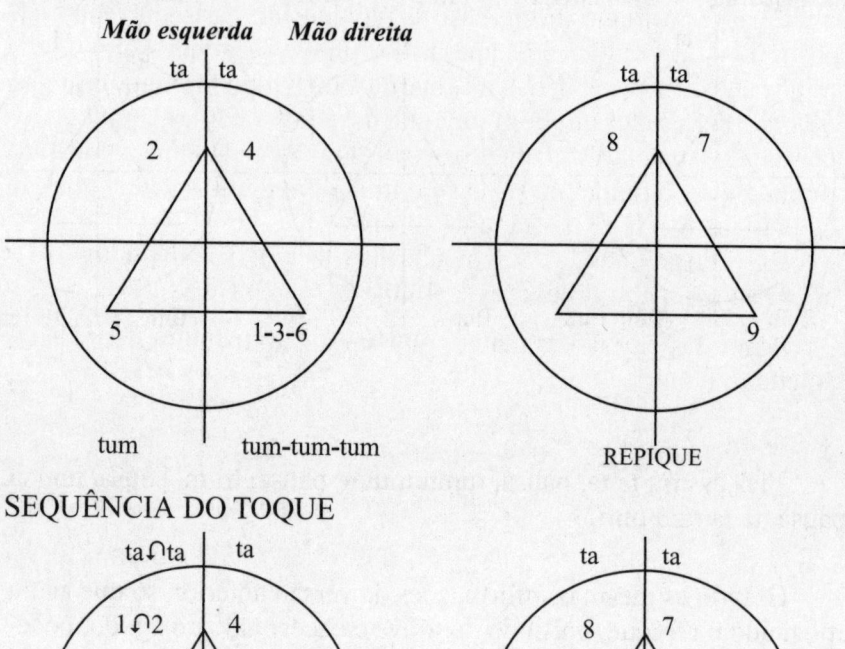

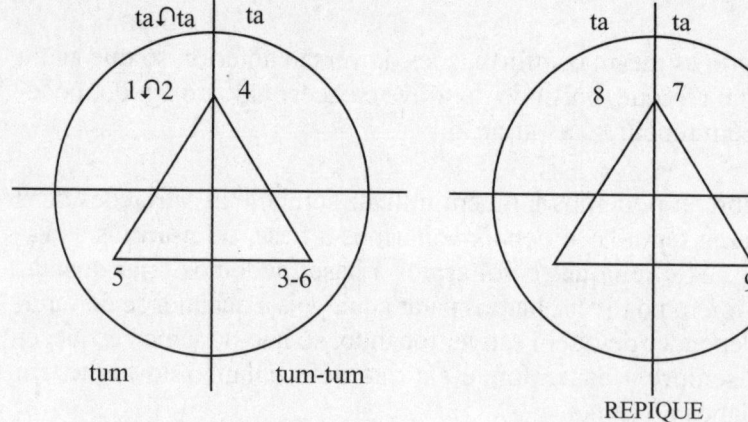

Mão esquerda *Mão direita*

```
   ta | ta                    ta | ta
    2 | 4                      8 | 7
  5   | 1-3-6                    |  9
  tum | tum-tum-tum            REPIQUE
```

SEQUÊNCIA DO TOQUE

```
  ta♪ta | ta                   ta | ta
   1♪2  | 4                     8 | 7
   5    | 3-6                     |  9
   tum  | tum-tum              REPIQUE
```

Falando fica assim:
Tumm ta tum ta tum tum ta ta tum trum tum tum ta ♪ta

 Este toque é muito cadenciado, parece um pouco com o samba, é um dos toques mais utilizados na Umbanda, junto com o Ijexá e Barra-vento, possui diversos nomes, este é o toque ideal para quem gosta de trabalhar bem os contra tempos, pois dá uma base de tempo bem marcada, precisamos prestar muita atenção, pois a maioria que usa este toque após o repique começa a acelerar e não percebe e termina mudando o andamento do ponto, por isso precisamos, estar atentos.

Repiques

O repique no Angola geralmente vem após o toque (3) da segunda parte do toque ,neste caso o repique faz parte do toque, ele substitui os toques (4,5 e 6) apesar do Angola ser toque par, como o repique substitui parte dele para estarmos no tempo faremos repiques impares , para se ter um bom repique devemos estar no tempo do toque usando o mesmo andamento e o mesmo local de toque , podemos criar qualquer repique, neste caso o final do repique não é a posição (1) do toque e é feito da seguinte forma:

RE = duas mãos,   PI = mão esquerda   QUE = mão direta
O som é: Trum   Tum   Tum

Além das variações abaixo, poderemos criar muito mais, basta respeitar o tempo.

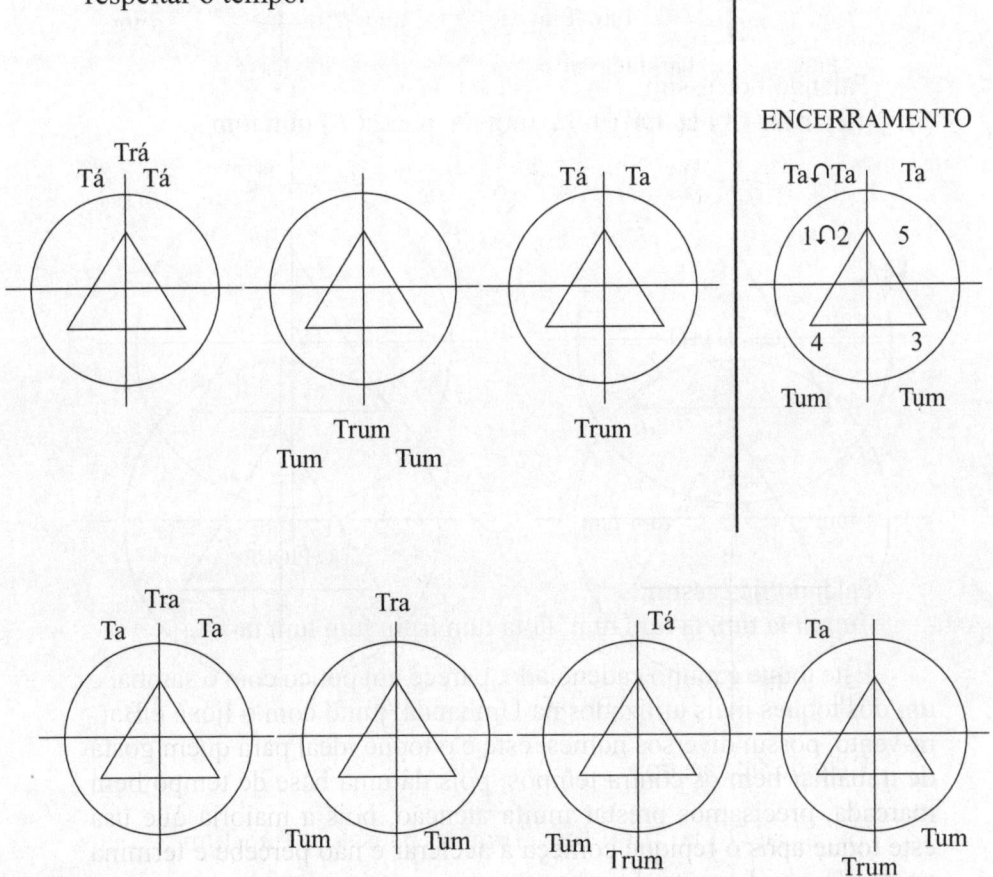

CONTRA-TEMPO ANGOLA

A -

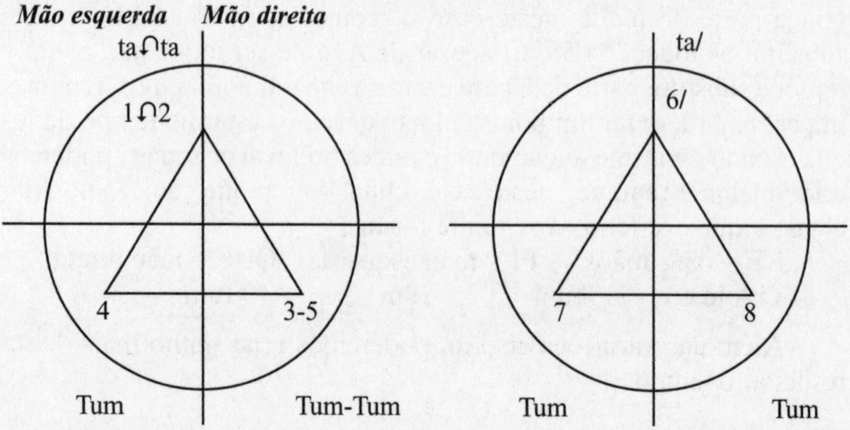
Mão esquerda
Mão direita
ta↶ta
1↶2
4
3-5
Tum
Tum-Tum
ta/
6/
7
8
Tum
Tum

Falando fica assim

Ta pausa(↶) ta tum tum tum ta pausa(/) tum tum

1 ↶ 2 3 4 5 6/ 7 8

B -

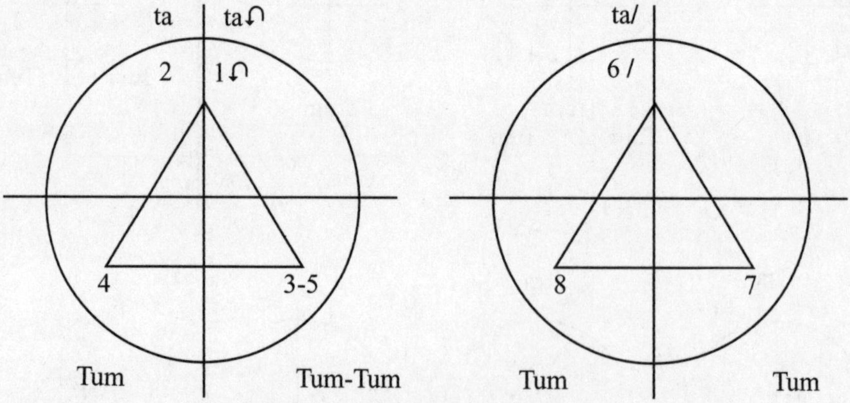
ta
ta↶
2
1↶
4
3-5
Tum
Tum-Tum
ta/
6 /
8
7
Tum
Tum

Falando fica assim

Ta pausa(↶) ta Tum Tum Tum ta pausa(/) Tum Tum

1 ↶ 2 3 4 5 6/ 7 8

C -

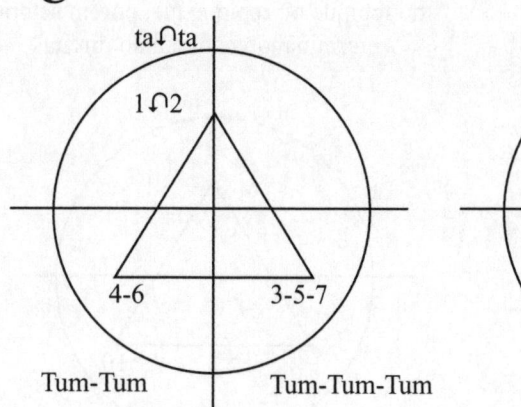

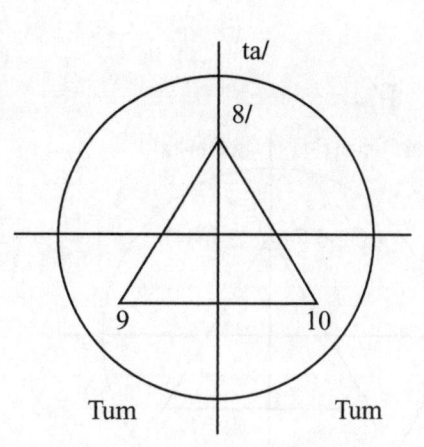

ta↶ta
1↶2
4-6
3-5-7
Tum-Tum
Tum-Tum-Tum
ta/
8/
9
10
Tum
Tum

Falando fica assim

Ta pausa(↶) ta tum tum tum tum tum ta pausa(/) tum tum

1 ↶ 2 3 4 5 6 7 8/ 9 10

D -

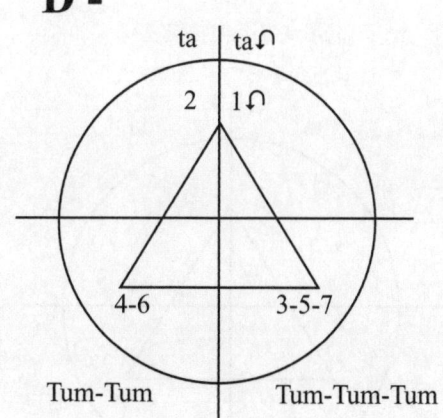

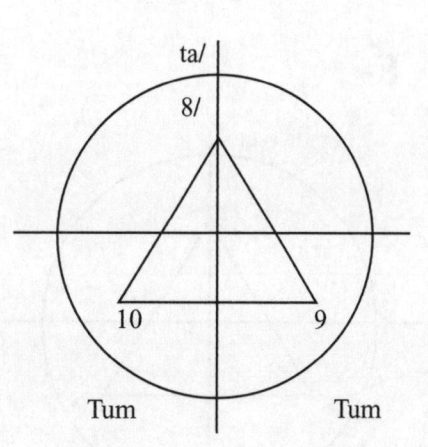

ta
ta↶
2
1↶
4-6
3-5-7
Tum-Tum
Tum-Tum-Tum
ta/
8/
10
9
Tum
Tum

Falando fica assim

Ta pausa(↶) ta Tum Tum Tum Tum Tum ta pausa(/) Tum Tum

1 ↶ 2 3 4 5 6 7 8/ 9 10

E-

ta⌒ta-ta⌒ta | ta⌒ta-ta/

1⌒2-5⌒6 3⌒4-7/

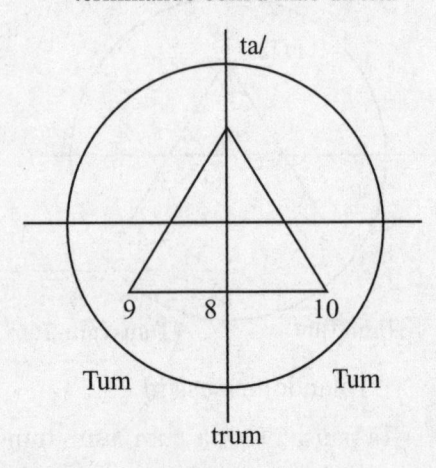

Nesta 2ª parte podemos usar qualquer versão do repique ou repiqueque, porém sempre terminando com a mão direita

ta/

9 8 10

Tum   Tum

trum

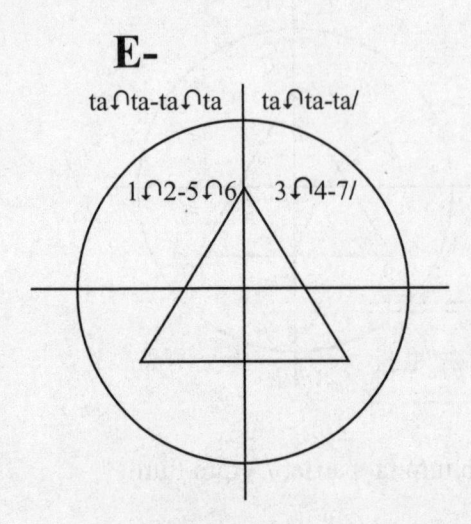

Falando fica assim

Ta pausa(⌒) ta tak (⌒) ta tak (⌒) ta ta pausa(/)   trum tum tum
1   ⌒ 2 3 ⌒ 4 5 ⌒ 6 7/   8   9   10

F-

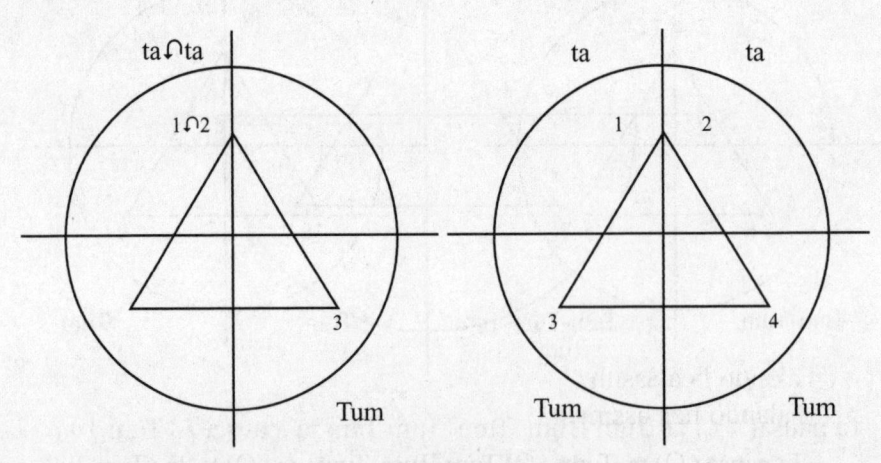

ta⌒ta

1⌒2

3

Tum

ta   ta

1   2

3   4

Tum   Tum

Falando fica assim   (REPETIR ESTA PARTE 3 VEZES)

Ta pausa(⌒) ta tum   ta ta tum tum   ta ta tum tum   ta ta tum tum
1   ⌒ 2 3   1 2 3   4   1 2 3   4   1 2 3   4

G- Tamboreano

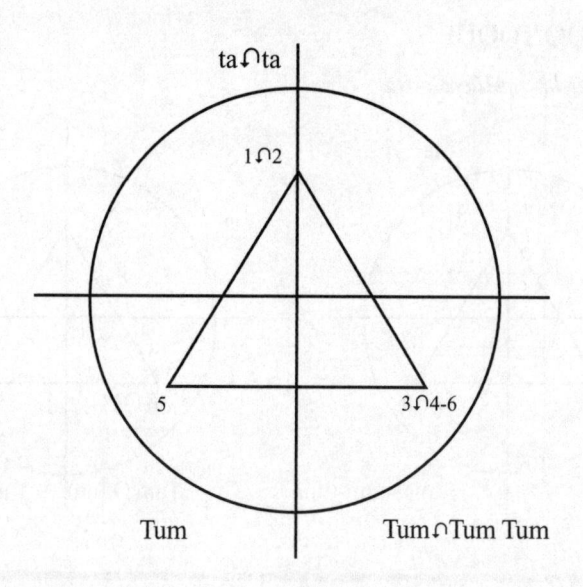

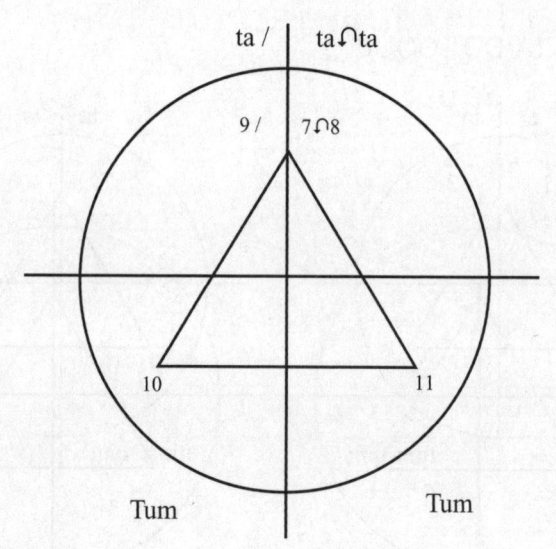

First circle:
- ta ⌒ ta (top)
- 1 ⌒ 2
- 5
- 3 ⌒ 4-6
- Tum
- Tum ⌒ Tum Tum

Second circle:
- ta / | ta ⌒ ta
- 9 / 7 ⌒ 8
- 10
- 11
- Tum
- Tum

Falando fica assim

Ta pausa (⌒) ta Tum (⌒) Tum Tum Tum ta (⌒) ta ta / Tum Tum
1   ⌒ 2   3   4   5 6 7   8 9 10 11

Samba de Cabula

INÍCIO DO TOQUE

Mão esquerda   Mão direita

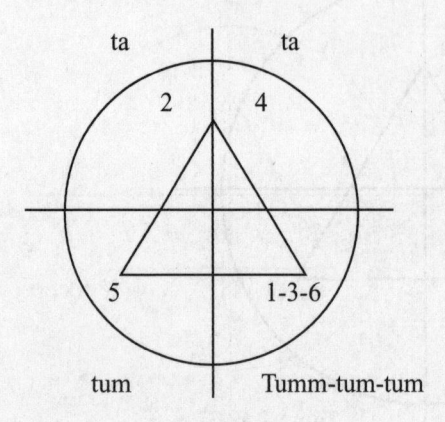

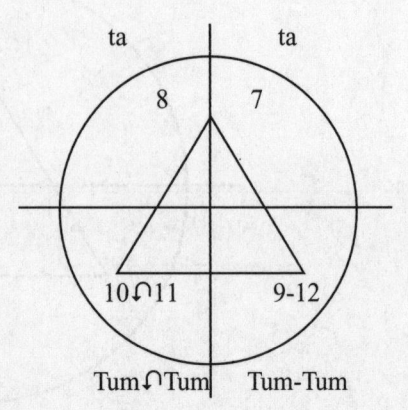

```
        ta      ta                    ta      ta
       2       4                    8       7
       
       5      1-3-6                10⌒11   9-12
       
      tum   Tumm-tum-tum         Tum⌒Tum  Tum-Tum
```

SEQUÊNCIA DO TOQUE

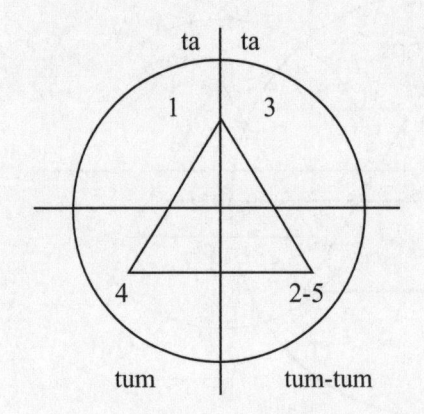

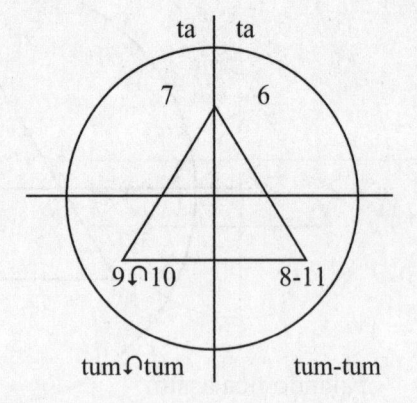

```
        ta      ta                    ta      ta
       1       3                    7       6
       
       4      2-5                  9⌒10    8-11
       
      tum    tum-tum              tum⌒tum  tum-tum
```

Falando o som é assim:

Tumm ta tum ta tum tumTa ta tum tum ⌒ tum tumm

Este toque que passamos, é uma variação do Angola, é usado o mesmo tempo de toque, mas já é outro toque, não possui o repique e não tem a ligação entre o final e o início do toque, que é normal no angola.

Evolução de Marcação

INÍCIO DO TOQUE

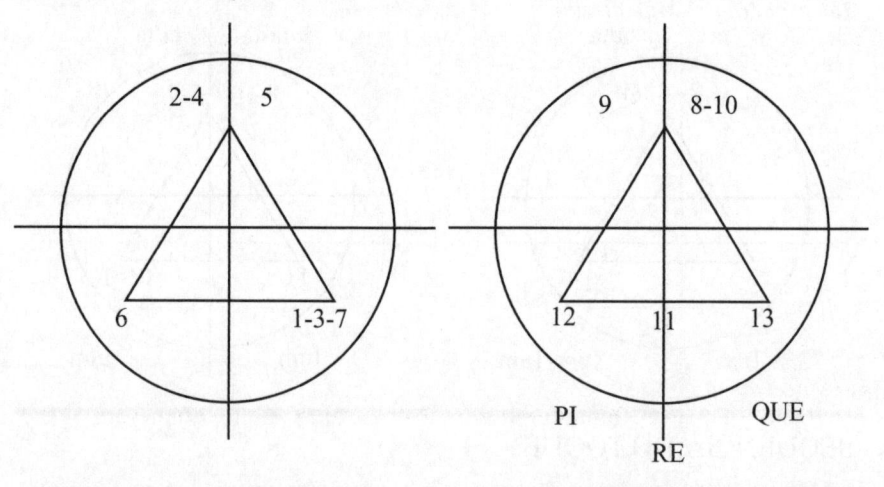

```
    2-4   5              9    8-10

    6    1-3-7          12  11  13

                         PI      QUE
                            RE
```

SEQUÊNCIA DO TOQUE

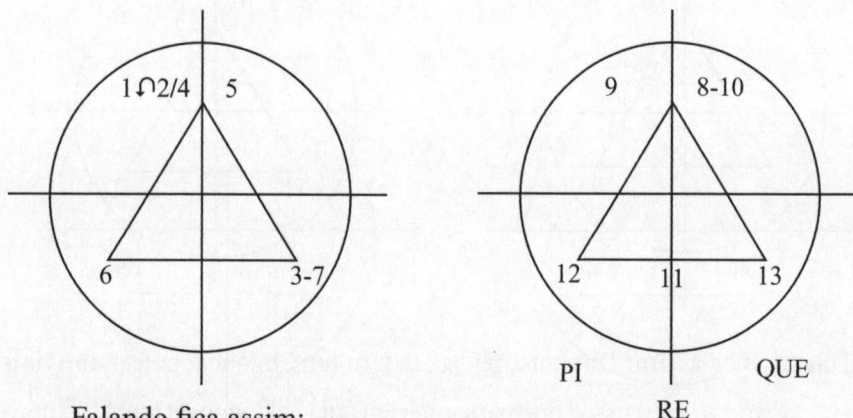

```
   1↷2/4  5              9    8-10

    6    3-7            12  11  13

                         PI      QUE
                            RE
```

Falando fica assim:

Tumm ta tum ta ta tum tum ta ta ta trum tum tumm ta ↷ ta

Este toque usas o mesmo tempo e repiques do angola, com um toque a mais na primeira parte,quando o ponto for bem compassado o ideal é variar entre o Angola e a Evolução os repiques , encerramentos e variações de toque são os mesmos do angola.

Alem das variações abaixo, poderemos criar muito mais, basta respeitar o tempo.

Congo de Ouro

INÍCIO DO TOQUE

Mão esquerda Mão direita

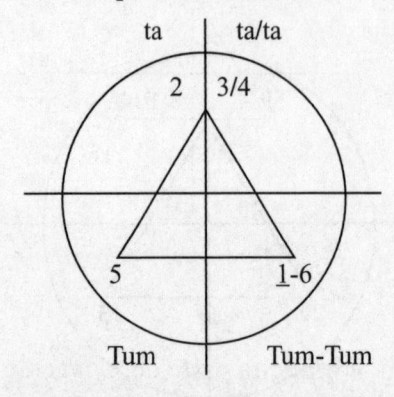

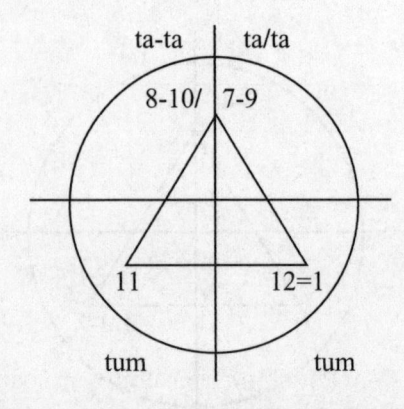

```
        ta  |  ta/ta              ta-ta  |  ta/ta
       2    |  3/4                8-10/  |  7-9
      5     |    1-6               11    |   12=1
       Tum  |  Tum-Tum             tum   |   tum
```

SEQUÊNCIA DO TOQUE

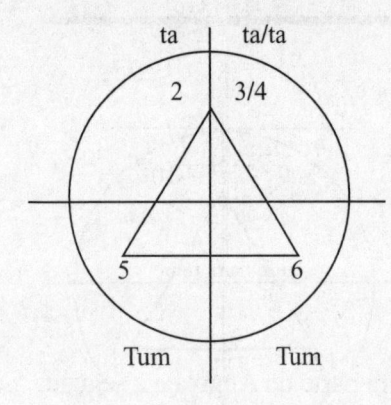

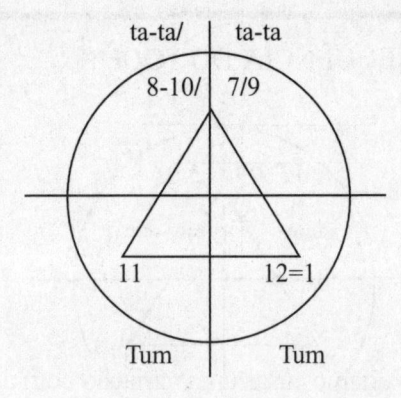

```
        ta  |  ta/ta              ta-ta/ |  ta-ta
       2    |  3/4                8-10/  |  7/9
       5    |   6                  11    |   12=1
       Tum  |  Tum                 Tum   |   Tum
```

Falando fica assim: Tum tata, pausa, ta tum tum, tatatata, pausa tum tum

    Este é o sexto toque que passamos em aula, o Congo de Ouro, sempre tocado com os quatro dedos, é um toque que para sua beleza, devemos definir bem os sons grave e agudos, nenhuma posição devemos tocar com mais força que a outra, é um toque bem balançado, devemos manter uma boa cadência. Esse é o Congo de Ouro, sempre tocado com os quatro dedos. O repique no Congo de Ouro geralmente vem após o toque (3), da segunda metade do toque, nada impede de faze-lo em outra parte, só não devemos é perder O tempo utilizado, quando o Ogã já dominar os tempos qualquer lugar é valido até para criar novos contra-tempos.

ENCERRAMENTO

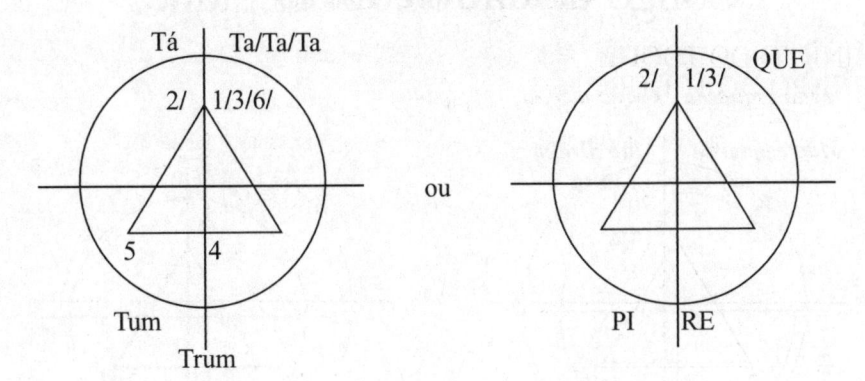

```
       Tá | Ta/Ta/Ta                    | QUE
       2/ | 1/3/6/              2/ | 1/3/
                         ou
       5    4
      Tum  |                     PI | RE
          Trum
```

Podemos usar uma variação com a primeira parte do Congo de Ouro e a segunda parte do Angola

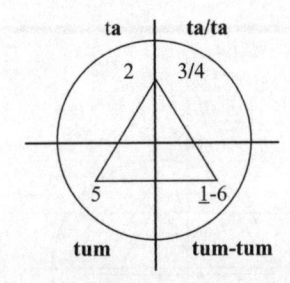

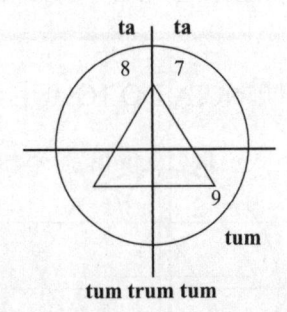

```
       ta | ta/ta                ta | ta
       2    3/4                   8    7
       5    1-6                        9
      tum  tum-tum                   tum
                              tum trum tum
```

Podemos usar uma variação com a primeira parte do Angola e a segunda parte do Congo de Ouro

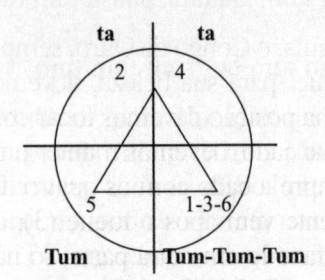

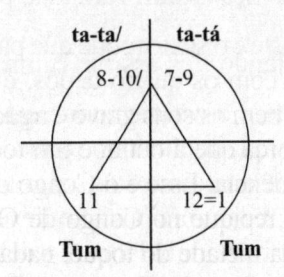

```
       ta | ta                ta-ta/ | ta-tá
       2    4                  8-10/   7-9
       5    1-3-6               11     12=1
      Tum   Tum-Tum-Tum         Tum    Tum
```

Congo de Ouro com Repique

INÍCIO DO TOQUE

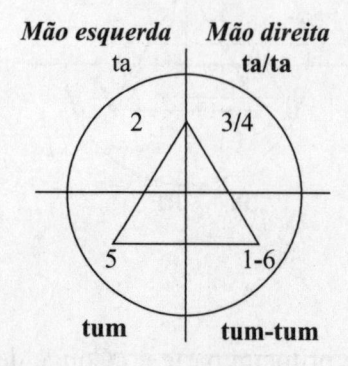

Mão esquerda   *Mão direita*
ta   ta/ta
2   3/4
5   1-6
tum   **tum-tum**

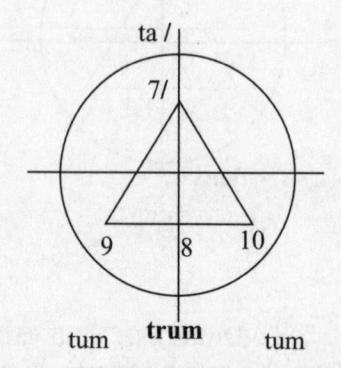

ta/
7/
9   8   10
tum   **trum**   tum

SEQUÊNCIA DO TOQUE

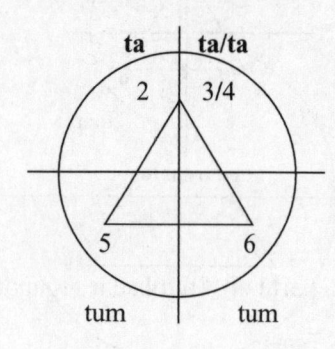

ta   **ta/ta**
2   3/4
5   6
tum   tum

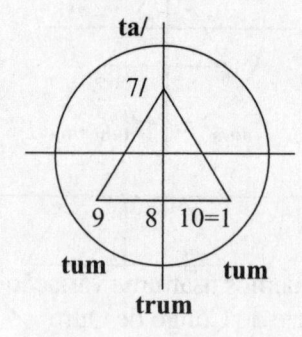

ta/
7/
9   8   10=1
tum   **tum**
trum

Falando fica assim: Tumm ta ta/ ta tum tum ta/ trum tum tum

Este é o setimo toque que passamos em aula, o Congo de Ouro com repique incluso no toque, sempre tocado com os quatro dedos, é um toque que para sua beleza, devemos definir bem os sons graves e agudos , nenhuma posição devemos tocar com mais força que a outra, é um toque bem balançado, devemos manter uma boa cadência .

Arrebate de Congo

VERSÃO A

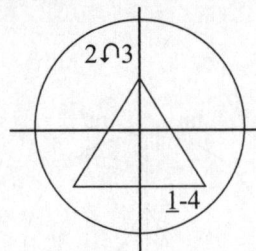

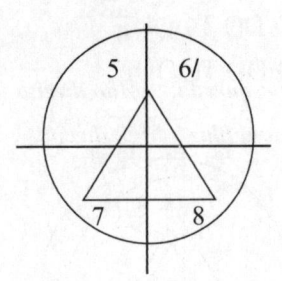

VERSÃO B

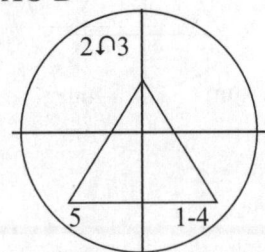

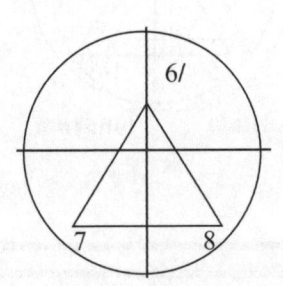

Abaixo uma variação do Arrebate de Congo com repique

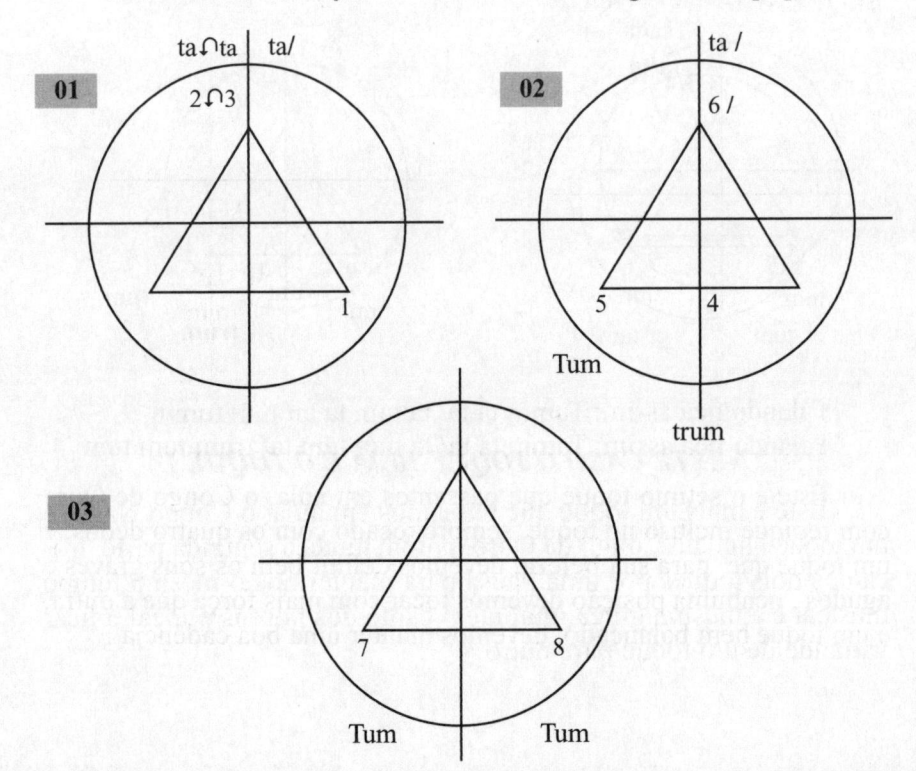

Congo Nagô

INÍCIO DO TOQUE

Mão esquerda   *Mão direita*

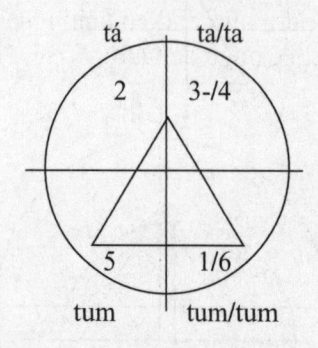

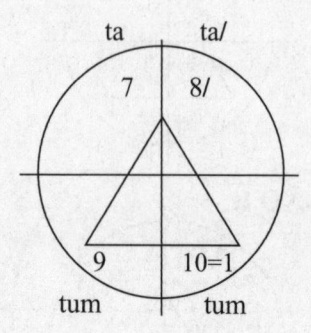

```
       tá    ta/ta                    ta    ta/
        2    3-/4                      7    8/

        5    1/6                       9    10=1
       tum   tum/tum                  tum   tum
```

SEQUÊNCIA DO TOQUE

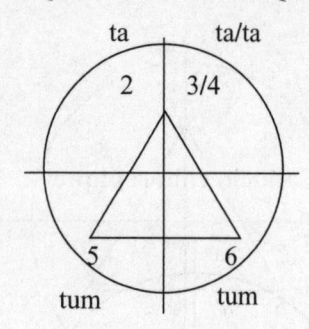

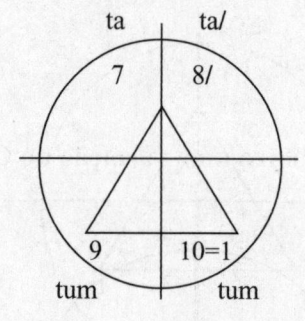

```
       ta    ta/ta                    ta    ta/
        2    3/4                       7    8/

        5     6                        9    10=1
       tum   tum                      tum   tum
```

Falando fica assim: Tumm ta ta/ ta tum ta ta/ tum tumm

NESTE CASO O TOQUE 10 JA É O TOQUE 1

Este é mais um toque que passamos em aula, o Congo Nagô, é um toque igual ao Congo de Ouro, porém muda a segunda parte, trocamos dois toques por uma pausa para mantermos o mesmo tempo musical e a mesma ginga, durante o canto dos pontos o ideal é ficar variando de um toque para outro.

Congo de Caboclo

O Congo de Caboclo é tocado no mesmo tempo musical, na mesma ginga do Congo Nagô, utilizando os mesmos contra-tempos, não é um toque pra se levar o ponto inteiro, mas parte do ponto, usando como variação, neste toque o que muda é o início, permanecendo o final igual ao Congo Nagô, o encerramento é o mesmo do Congo de Ouro.

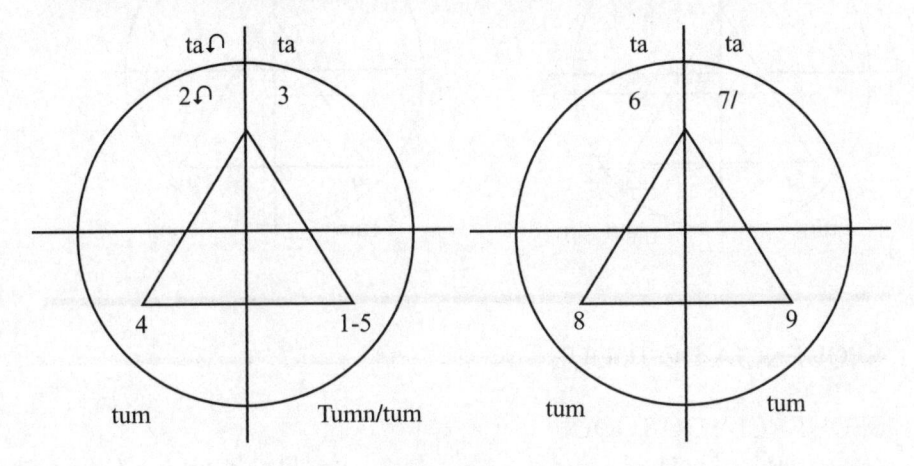

Abaixo uma variação do Congo de Caboclo com repique

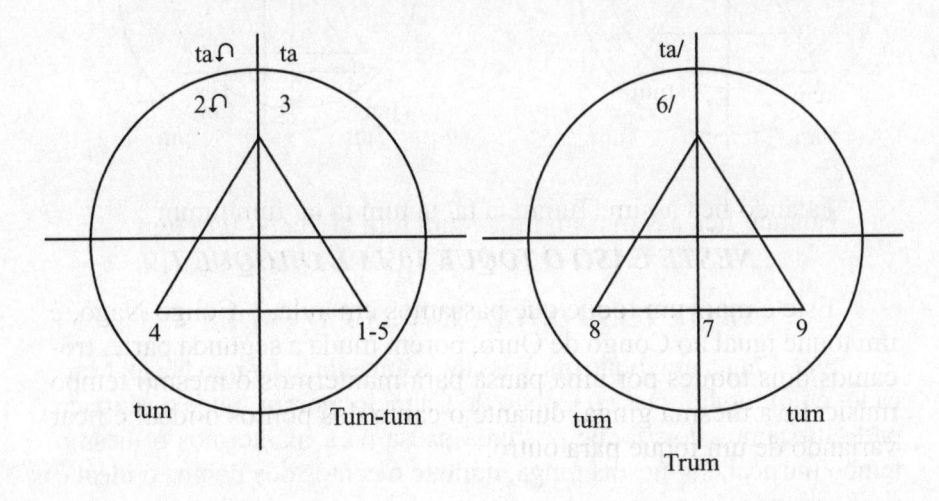

Congo de Caboclo Marcado

INÍCIO DO TOQUE

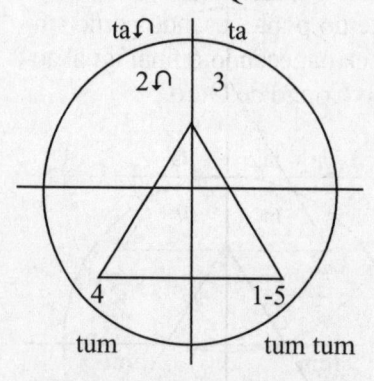

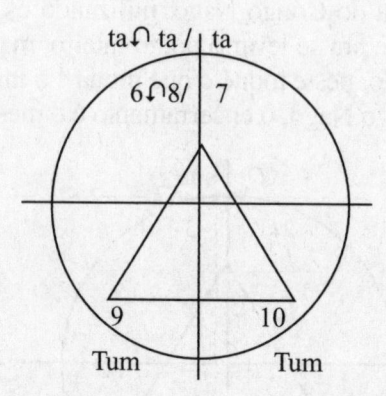

(diagrams: left circle with ta⌢ ta / 2⌢ 3 / 4 1-5 / tum tum tum; right circle with ta⌢ ta /| ta / 6⌢8/ 7 / 9 10 / Tum Tum)

SEQUÊNCIA DO TOQUE

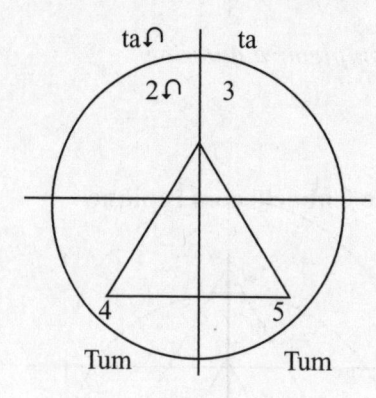

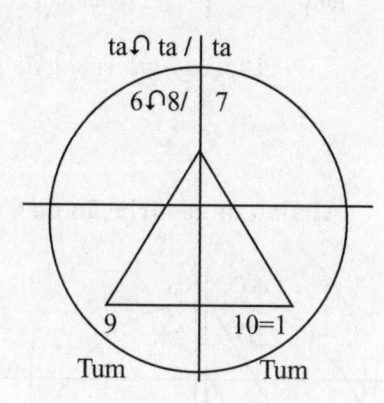

(diagrams: left circle with ta⌢ ta / 2⌢ 3 / 4 5 / Tum Tum; right circle with ta⌢ ta /| ta / 6⌢8/ 7 / 9 10=1 / Tum Tum)

Falando fica assim: tum ta⌢ta tum tum ta⌢ta ta/ tum tum
                    1   2⌢3   4   5   6⌢7 8/ 9   10

NESTE CASO O TOQUE 10 JÁ É O TOQUE 1

    Este é mais um toque que passamos em aula, o Congo Nagô Marcado, é um toque igual ao Congo de Caboclo, porém muda a segunda parte, trocamos dois toque por uma pausa para mantermos o mesmo tempo musical e a mesma ginga, durante o cantos dos pontos o ideal é ficar variando de um toque para outro.

Variações do Congo

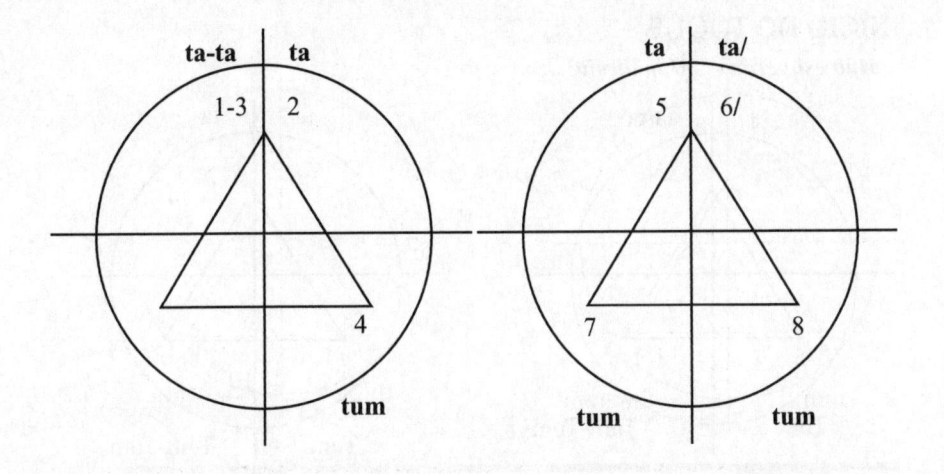

Circle 1: ta-ta (1-3) | ta (2) | 4 | tum

Circle 2: ta (5) | ta/ (6/) | 7 | 8 | tum | tum

Abaixo uma variação para completar a anterior

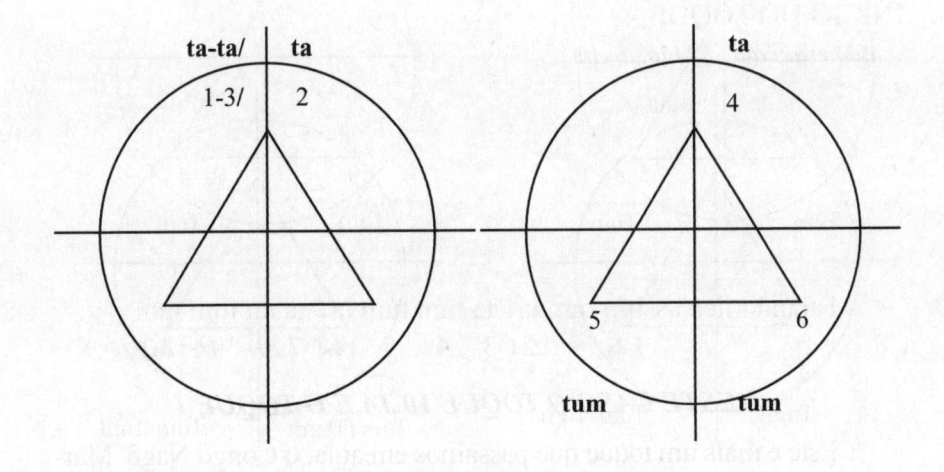

Circle 3: ta-ta/ (1-3/) | ta (2) | tum

Circle 4: ta (4) | 5 | 6 | tum | tum

Variação: Congo de Ouro/Angola

INÍCIO DO TOQUE

Mão esquerda   Mão direita

```
         ta  | ta/ta                    ta  | ta
          2  | 3/4                       8  | 7
         5   | 1-6                      11  | 9-12
                                           10
        Tum   Tum-Tum               Tum       Tum-Tum
                                         Trum
```

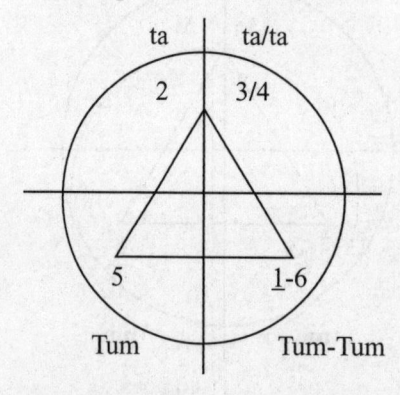

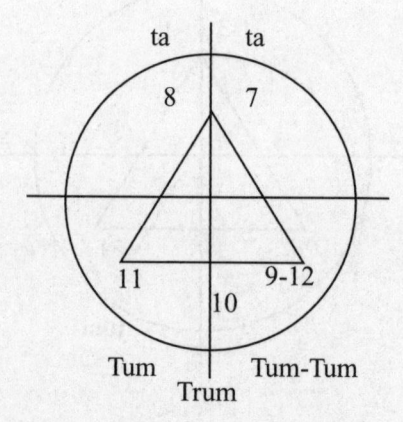

Falando fica assim: Tumm ta ta/ ta Tum Tum tata Tum Trum Tum Tum

---

Variação: Congo de Ouro/ Samba de Cabula

INÍCIO DO TOQUE

Mão esquerda   Mão direita

```
         ta  | ta/ta                    ta  | ta
          2  | 3/4                       8  | 7
         5   | 1-6                     10⌒11 | 9-12
        Tum   Tum-Tum               Tum⌒Tum   Tum-Tum
```

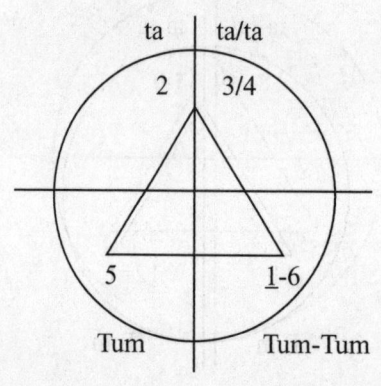

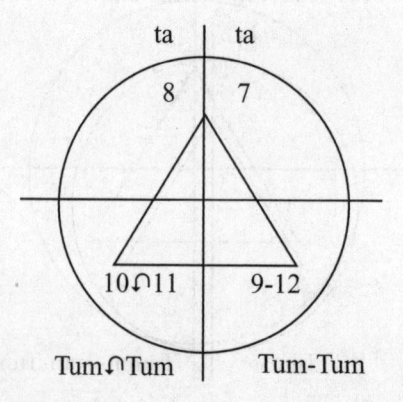

Falando fica assim: Tumm ta ta/ ta Tum Tum ta ta Tum Tum⌒Tum Tum

Variação: Congo de Ouro com Evolução

INÍCIO DO TOQUE

Mão esquerda ***Mão direita***

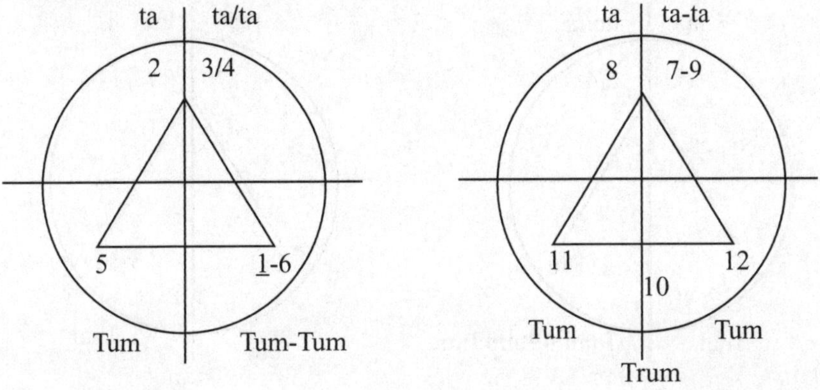

ta
ta/ta
2
3/4
5
1-6
Tum
Tum-Tum
ta
ta-ta
8
7-9
11
12
10
Tum
Tum
Trum

Falando fica assim: Tumm ta ta/ ta Tum Tum ta ta ta Trum Tum Tum

Variação: Angola/ Congo de Ouro

INÍCIO DO TOQUE

Mão esquerda ***Mão direita***

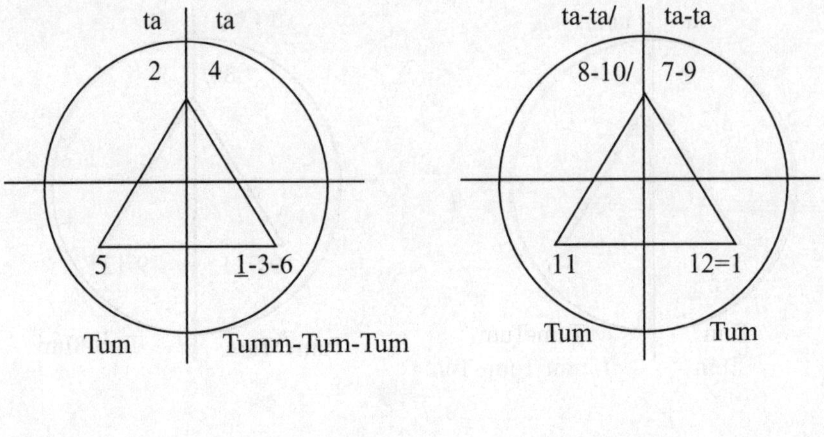

ta
ta
2
4
5
1-3-6
Tum
Tumm-Tum-Tum
ta-ta/
ta-ta
8-10/
7-9
11
12=1
Tum
Tum

Falando fica assim: Tumm ta Tum ta Tum Tum ta ta ta ta/ Tum Tum

Variação: Angola/Congo Nagô

INÍCIO DO TOQUE

Mão esquerda   Mão direita

```
        ta │ ta                    ta │ ta/
         2 │ 4                      7 │ 8/
    ─────────────              ─────────────
         5 │ 1-3-6                  9 │ 10
        Tum│ Tumm-Tum-Tum          Tum│ Tum
```

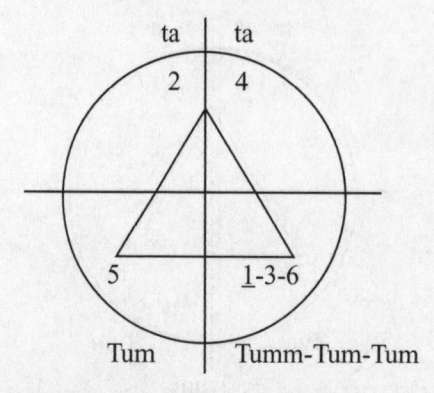

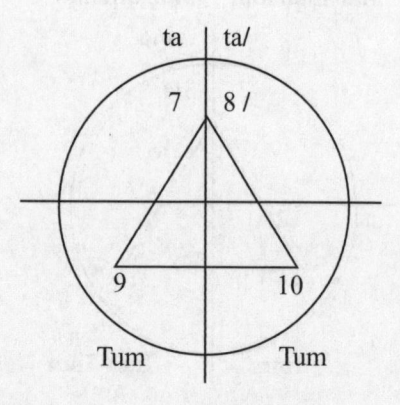

Falando fica assim: Tumm ta Tum ta Tum Tum ta ta/ Tum Tum

Variação: Angola/ Congo de Caboclo Marcado

INÍCIO DO TOQUE

Mão esquerda   Mão direita

```
        ta │ ta                  ta⌒ta/│ ta
         2 │ 4                   7⌒9/ │ 8
    ─────────────              ─────────────
         5 │ 1-3-6                 10 │ 11
        Tum│ Tumm-Tum -Tum        Tum │ Tum
```

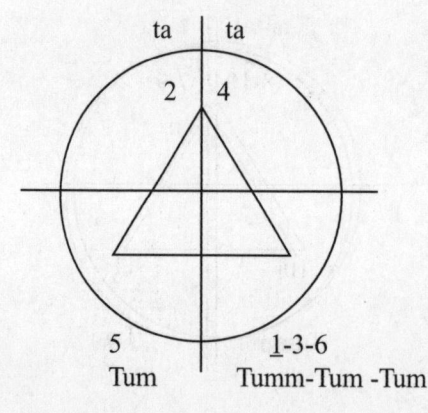

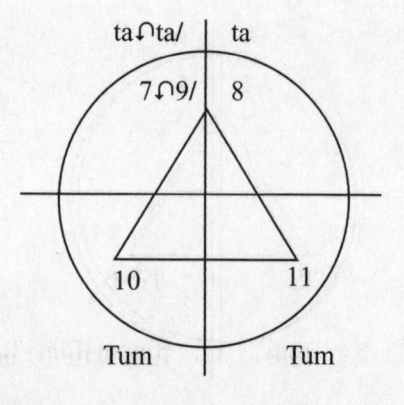

Falando fica assim: Tumm ta Tum ta Tum Tum ta⌒ta ta Tum Tum

Variação: Evolução/Congo de Ouro

INÍCIO DO TOQUE
Mão esquerda   Mão direita

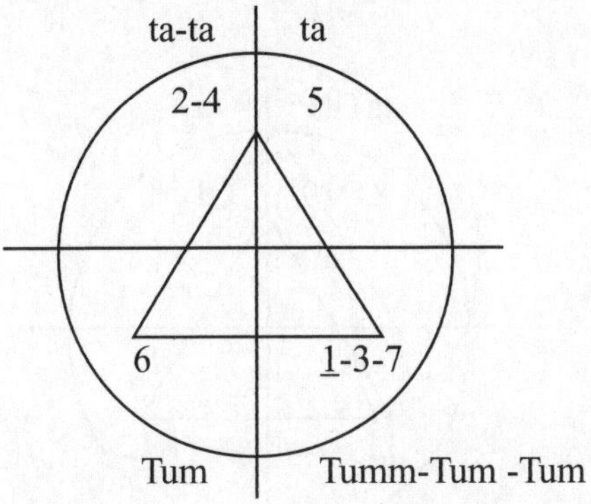

```
        ta-ta | ta
         2-4  | 5
              |
      ────────┼────────
              |
          6   | 1-3-7
         Tum  | Tumm-Tum -Tum
```

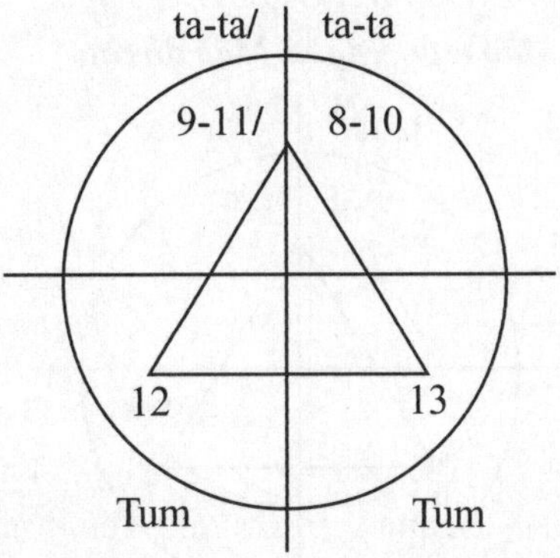

```
        ta-ta/ | ta-ta
         9-11/ | 8-10
               |
      ─────────┼─────────
               |
          12   | 13
         Tum   | Tum
```

Falando fica assim: Tumm ta Tum ta ta Tum Tum ta ta ta ta/ Tum Tum

---

Variação: Evolução/Congo Nagô

INÍCIO DO TOQUE
Mão esquerda   Mão direita

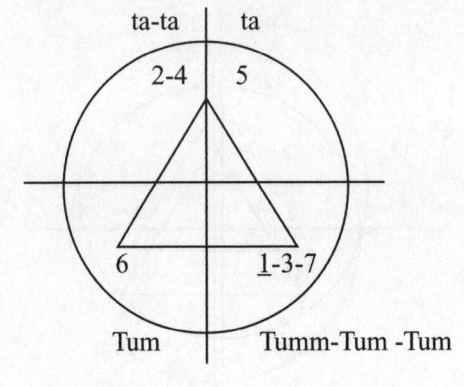

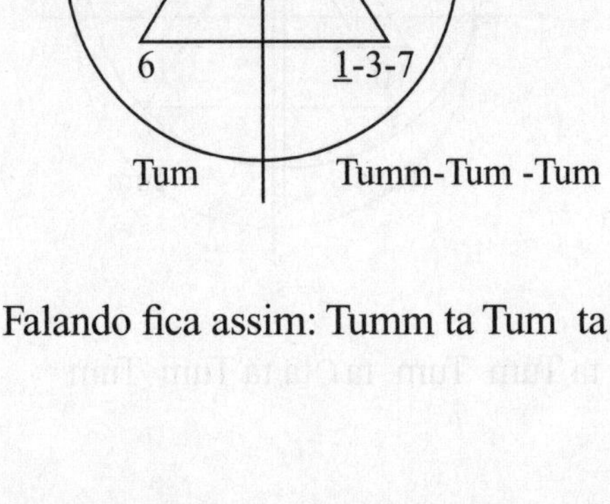

```
        ta-ta | ta
         2-4  | 5
              |
      ────────┼────────
              |
          6   | 1-3-7
         Tum  | Tumm-Tum -Tum
```

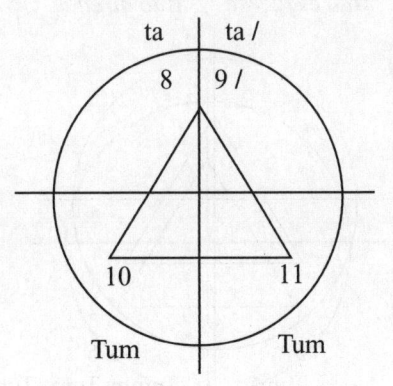

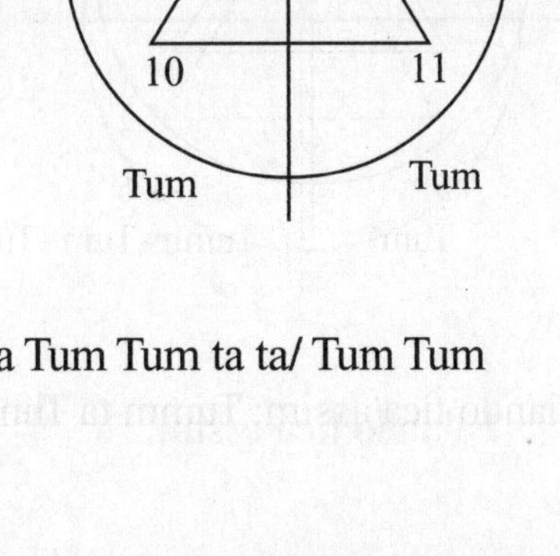

```
          ta  | ta /
           8  | 9 /
              |
      ────────┼────────
              |
          10  | 11
         Tum  | Tum
```

Falando fica assim: Tumm ta Tum ta ta Tum Tum ta ta/ Tum Tum

Variação: Evolução/Congo de Caboclo Marcado

INÍCIO DO TOQUE

Mão esquerda   Mão direita

```
       ta-ta │ ta                    ta∩ta/│ ta
        2-4  │  5                     8∩10/│  9
   ─────────┼─────────           ─────────┼─────────
         6  │ 1-3-7                   11  │  12
        Tum │ Tumm-Tum-Tum           Tum  │ Tum
```

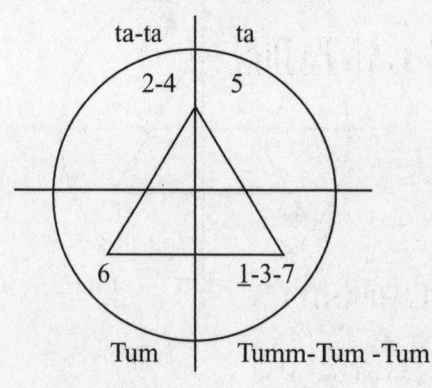

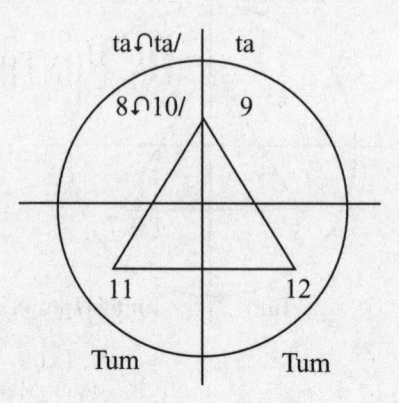

Falando fica assim: Tumm ta Tum ta ta Tum Tum ta∩ta ta/Tum Tum

---

PARA TOQUES NOVOS

Mão esquerda   Mão direita

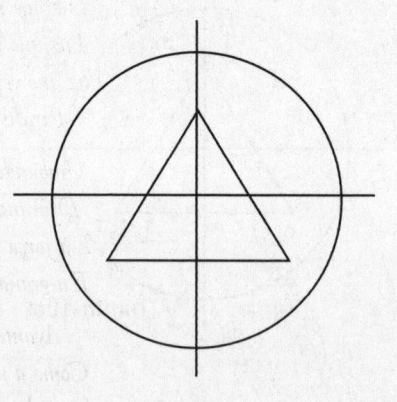

Falando fica assim:

6

OS PONTOS CANTADOS

6   HINO DA UMBANDA

Letra: J. M. Alves
Toque: Marcação ou Nagô

(Rufar do início até a palavra divina e parar; começar a tocar na marcação do parêntese.)

Refletiu a luz divina
Em to(do) seu esplendor
Vem do reino de Oxalá
Onde há paz e amor

Luz que refletiu na terra
Luz que refletiu no mar
Luz que vem lá de Aruanda
Para tudo iluminar

Umbanda é paz e amor
O mundo cheio de luz
É a força que nos dá vida
E a grandeza nos conduz

Avante, filhos de fé
Como a nossa lei não há
Levando ao mundo inteiro
A bandeira de Oxalá

PONTOS ABERTURA DE GIRA

07 (Nagô)

→ O (si)no da igrejinha faz belém, blem blão ✔ (bis)
↗ Deu meia noite o galo já cantou ✔

↗ Seu (Tranca Ruas) que é o dono dá gira ✔ ⎫
→ Vai correr gira que Ogum mandou ✔ ⎬ (bis)
⎭

07-A (Nagô)

↗ Vou a(brir) minhá Jurema ✔ ⎫
→ Vou abrir meu Juremá ✔ ⎬ (bis)

→ Com a licença de Mamãe Oxum ✔ ⎫
→ E de nosso Pai Oxalá ✔ ⎬ (bis)

↗ Já abri minhá Jurema ✔ ⎫
↗ Já abri meu Juremá ✔ ⎬ (bis)

→ Com a licença de Mamãe Oxum ✔ ⎫
→ E de nosso Pai Oxalá ✔ ⎬ (bis)

07-B (Angola)

→ Malun(gui)nha Rei da Matas ✔ é um Caboclo Indio Real ✔ (bis)
→ Fecha o portão da Esquerda ✔ pros contrários não entrar ✔ ⎫
→ Abre o portão da Direita ✔ pro bom guia trabalhar ✔ ⎬ (bis)

FECHAMENTO DA GIRA

07-C (Angola)

→ Eu (fe)cho a nossa gira com Deus e Nossa Senhora ✔ ⎫
→ Eu fecho a nossa gira Samborê, Pemba de Angola ✔ ⎬ (bis)

→ Nossa gira está fechada com Deus e Nossa Senhora ✔ ⎫
→ Nossa gira está fechada Samborê Pemba de Angola ✔ ⎬ (bis)

07-D (Nagô)

→ Olha o meu con(gá,) ✔ olha o meu congá ✔ ⎫
→ Saudei meu senhor ✔ saudei meus Orixás ✔ ⎬ (bis)

→ Ao encerrar os meus trabalhos eu peço a benção ✔
↗ Aos Orixás e aos Guias deste congá ✔

↗ E a todos filhos que vieram nesta Aldeia ✔ ⎫
→ Que levem a paz e a proteção deste congá ✔ ⎬ (bis)

Saudação às autoridades

8 (Angola)

→ Oi, salve (Deus),
→ Salve a pátria
→ Salve os hom<u>ens</u>, ✓
Salve <u>todos</u>↗ que estão a<u>qui</u> ✓
→Oi, salve Deus
→ Salve a pátria
→ Salve os hom<u>ens</u>, ✓
→ Pai Oxalá é quem governa a<u>qui</u> ↘

Esse ponto é cantado em ocasiões em que estão reunidas pessoas do meio religioso, civil e militar.

Recebendo a Visita

São pontos cantados quando se recebe uma visita, demonstrando ao visitante que ele é bem-vindo à casa. Dependendo do estilo da casa e do conhecimento do Ogã, pode-se cantar um ponto para o dirigente, outro para o Ogã, outro para os demais filhos da casa visitante.

9 (Congo) (Juliana Cerqueira)

→ Grati(dão) meu irmão pela visita ✓

→Sua fé fortaleceu ✓ nossa Umbanda queri<u>da</u> ✓

→Gratidão meu irmão de coração ✓
→Com sua fé e humildade fortalece essa uni<u>ão</u> ✓

↗Chuva prateada são as bênçãos de Oxalá ✓

→ Sobre esse irmão que acaba de ↗chegar ✓

↗Chuva prateada são as bênçãos de Oxalá ✓

→Sobre esse irmão que acaba de ↘chegar ✓

10 (Angola)

→Sejam bem-(vin)d<u>os</u>. ✓ Oh meus irm<u>ãos</u> ✓

→Venham com Deus e com toda prote<u>ção</u> ✓

→A casa é s<u>ua</u> presença é boa ✓

→Filhos de fé/Oxalá que lhe aben<u>çoa</u> ✓

(bis)

Entrada do Visitante

São pontos cantados pelos visitantes, pedindo licença para entrar no terreiro e participar dos trabalhos. Durante os trabalhos, o Ogã da casa também pode cantar saudando o(s) guia(s) dos visitantes para que eles também participem dos trabalhos, trazendo axé para todos.

11 (Angola)

→ Da minha (casa) saí a passear ✓
→ Ao seu terreiro, eu vim lhe visitar ✓
→ Somos filhos de pai ↘Oxalá ✓ } (bis)
→ Oi, dá licença, oi, dá licença, oi, dá

Despedida do Visitante

12 (Angola)

→Quando aqui (cheguei), ✓
→Confirmei nossa união ✓ } (bis)

→Agora eu vou embora, ✓
→ Rogo a Deus a proteção ✓ } (bis)

↗Adeus, adeus, de Oxalá, eu peço a bênção ✓
↘De meus irmãos, ✓ em nossa casa, sua presença ✓ } (bis)

13 (Nagô)

→Na (fé) de Oxalá, eu vim ✓
→Na fé de Oxalá, eu vou ✓ } (bis)

→Agradecendo a acolhida ✓
→Babá e Babalaô ✓ } (bis)

Despedida para a Visita

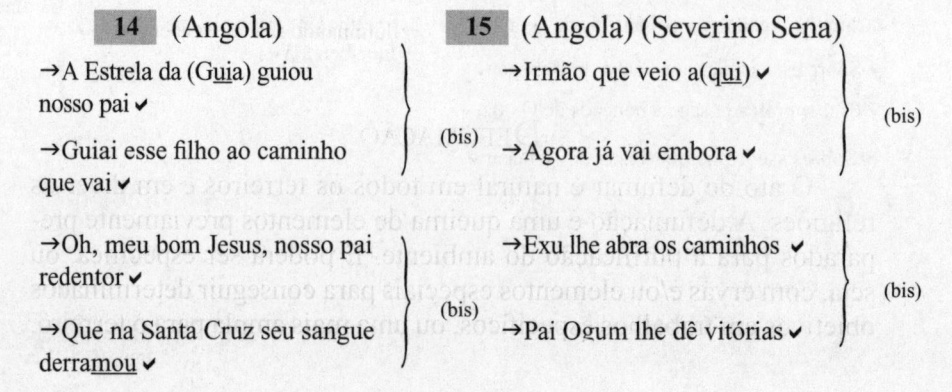

14 (Angola)

→A Estrela da (Guia) guiou nosso pai ✓
→Guiai esse filho ao caminho que vai ✓ } (bis)

→Oh, meu bom Jesus, nosso pai redentor ✓
→Que na Santa Cruz seu sangue derramou ✓ } (bis)

15 (Angola) (Severino Sena)

→Irmão que veio a(qui) ✓
→Agora já vai embora ✓ } (bis)

→Exu lhe abra os caminhos ✓
→Pai Ogum lhe dê vitórias ✓ } (bis)

Saudação a Babá e a Babalaô

São pontos cantados para exaltar a figura indispensável dentro de um terreiro. É uma forma gentil de demonstrar nossa gratidão aos dirigentes espirituais (Babá, Babalaô, Pai e Mãe de Santo, Pai e Mãe pequenos, etc.).

Podemos também homenagear pessoas com cargos dentro do nosso terreiro (Cambonos, Ogãs, Iaôs, Iabás, etc.)

Saudação ao Babá

16 (Nagô)

↗Auê, auê Ba(ba), eu vou saudar seu Orixá ✓ (bis)

↗É com as ordens de pai Oxalá que eu vou saudar seu Orixá ✓ (bis)

Saudação ao Babalaô

17 (Nagô)

↗Na mata (virgem) tamborim tocou ✓
→E Oxalá mandou, saravá, Babalaô ↘ ✓ } (bis)
↗Babalaô, meu pai, Babalaô ✓
→Sua bandeira ✓ cobre os filhos de Oxalá ↗ ✓
↗Babalaô, meu pai, Babalaô ✓
→Sua bandeira ✓ cobre os filhos de Oxalá ↘ ✓

18 (Ijexá) (Severino Sena)

→Pode en(trar) que a casa é sua ✓
→Oxalá ilumine a sua estrada ✓
→Pode entrar que a casa é sua ✓
→Oi, nesta casa, vem fazer sua morada ✓
→(Babalaô) que hoje vem neste terreiro ✓
→Pai Oxalá ilumine a sua estrada ✓
→Na fé de Zambi ✓ e da Mãe Virgem Maria ✓
→Iluminando sua coroa abençoada ✓
} (bis)

Defumação

O ato de defumar é natural em todos os terreiros e em diversas religiões. A defumação é uma queima de elementos previamente preparados para a purificação do ambiente. E poderá ser específica, ou seja, com ervas e/ou elementos especiais para conseguir determinados objetivos em trabalhos específicos, ou uma mais ampla para o terreiro.

A defumação é utilizada para a preparação e limpeza espiritual. Esse elemento tem o poder de filtrar, purificar, limpar algumas impurezas e pensamentos e de harmonizar ambientes, seja terreiro, casa, carro empresa, etc. Ela não resolve tudo, mas ajuda muito nossa vida.

As formas de defumação podem variar conforme o tamanho, a hierarquia, a estrutura do terreiro e o estilo do dirigente.

Há casas em que o dirigente quer só um ponto para todo o tempo que durar a defumação, já outras preferem que se cante um ponto quando os cambonos estiverem defumando o congá, os dirigentes e o corpo mediúnico, e, quando for defumar a assistência, altera-se o ponto.

Há casas em que, por serem muito grandes, o dirigente prefere que o Ogã cante diversos pontos de defumação enquanto estiver sendo defumada, para que não fique muito monótono; porém, nesse caso, os pontos devem ser no mesmo toque e ritmo.

19 REZADOR
(Nagô)

→Ele é reza(dor) ✓
→Ele vai defumar ✓
→Ele reza a seus filhos ✓
→E o mal vai levar ✓
↗Defuma, defuma,
→Ele vai defumar ✓
↗Defuma seus filhos ✓
↘E o mal vai levar ✓

(bis)

20 ERVAS DA JUREMA
(Nagô)

↗De(fuma) com as ervas da Jurema ✓
↗Defuma com arruda e guiné ✓
↗Defuma com as ervas da Jurema ✓
↗Defuma com arruda e guiné ✓
↘Benjoim, Alecrim e ↗Alfazema ✓
↗Vamos defumar filhos de fé ✓
↘Benjoim, Alecrim e ↗Alfazema ✓
↗Vamos defumar, filhos de fé ✓

21 JUREMEIRA
(Angola)

↗Jure(me), juremeira, ✓ ↗olha as folhas das palmeiras (bis) ↩

→Juremá vem lá das matas ✓ vem trazer neste congá ✓
→O seu cheiro de incenso, ✓ pra seus filhos defumar ✓

→Cheira mirra, benjoim ✓ e também cheira incenso ✓
↗Defumá/filhos de pemba ✓ com as ervas da Jurema ✓ } (bis)

Saudação à Pemba

DEUS SALVE
22 (Ijexá)

→Deus salve a (pemba) ✓
↘Também salve a toa<u>lha</u> ✓
→Deus salve a (pemba) ✓
↘Também salve a toa<u>lha</u> ✓
↗Salve a Coro<u>oa</u> ✓
→Que a de nosso Zambi é maior ✓
↗Salve a Coro<u>oa</u> ✓
→Que a de nosso Zambi é maior ✓

OH! SENHOR
23 (Ijexá)

↗(Oh!) Senhor dono da (ca<u>sa</u>) ✓
→A sua ↗<u>pem</u>ba eu↗ vou sal<u>dar</u> ✓
→Saudei meu pai, ✓
→Saudei a Virgem Maria ↘ ✓
→Na fé de ↗<u>Zam</u>bi
↗E de Pai Oxa<u>lá</u> ↘ ✓

} (bis)

Saudação à Toalha
24 (Nagô)

→Eles vão sacu(din)do / a toalha no congá ✓
→Eles vão sacudindo / a toalha no congá ✓
↗E no terreiro de Pai Oxalá
→Eles vão, saravá, eles vão, sara<u>vá</u>↗ ✓
↗E no terreiro de Pai Oxalá
→Eles vão, saravá, eles vão, sara<u>vá</u>↘ ✓

Firmeza de Ponto Riscado

25 (Nagô)

→Ca(bo)clo/Caboclo, ✓
→Firma o ponto aqui pra n<u>ós</u> ✓
→Caboclo,/Caboclo ✓
→Firma o ponto aqui pra n<u>ós</u> ✓

↗Se meu pai é r<u>ei</u> ✓
↗Vós_sois_Orix<u>á</u> ✓
↗Se meu pai é r<u>ei</u> ✓
↗Vós_sois_Orix<u>á</u> ✓

26 (Nagô)

↗Ca(bo)clo afirma seu ponto
→Na rodilha de cip<u>ó</u> ✓
↗Caboclo afirma seu ponto
→Na rodilha de cip<u>ó</u> ✓

→À meia-noite na l<u>ua</u> ✓
→Ao meio-dia no s<u>ool</u> ✓
→À meia-noite na l<u>ua</u> ✓
↘Ao meio-dia no s<u>ol</u> ✓

27 (Nagô)

→(Exu) afirma seu
→Ponto aqui neste
→Terreiro ✓

→Ogum foi quem
→ Mandou
→Pra quebrar os
→Mandingueiros

} (bis)

} (bis)

Pontos de Ajeum

28 (Ijexá)

→Na comida de (santo), ninguém põe a m<u>ão</u> ✔

↗Na comida de santo, ↗ninguém põe a m<u>ão</u> ✔

→Ela é sagrada, meu pai,_abençoada↘ ✔

→Ela é sagrada, meu pai,_abençoada↘ ✔

28-A (Barravento)

→Cosme e Da(mião), eles vêm abençoar ✔

→A mesa das crianças em nome de Oxalá↘ ✔

→Cosme e Damião, eles vêm abençoar ✔

→A mesa das crianças em nome de Oxalá↘ ✔

→Dois, dois é São Cosme e Damião

→Eles vêm neste terreiro/ ✔ em nome de Oxal<u>á</u> ✔

→Dois, dois é São Cosme e Damião

→Eles vêm neste terreiro para todos ajud<u>ar</u> ✔

Fechamento do Couro

29 (Angola)

↗Já deu a (ho)ra no relógio de Xang<u>ô</u> ✔

↗Já deu a hora no relógio de Xangô ✔

↗Atabaqueiro fecha o couro

→Oxalá foi quem mand<u>ou</u> ✔

} (bis)

30 (Angola)

→Vamos fé(char) o couro Ogã ã ✔

↗Vamos fechar o couro Ogã ✔

→Agradecemos / as bênçãos recebidas, Babá ✔

→Fechando o couro em nome de Oxalá ✔

} (bis)

"Ponto de Coroação de um Ogã em uma cerimônia de formatura ou confirmação em uma cachoeira, mata ou mesmo no terreiro pelo guia-chefe ou guias de comando da casa

31 (Nagô)

→Co(roa), minha coro<u>a</u> ✔

↗Que Jesus me deu. Oh! Minha ↘coro<u>a</u> ✔

→Coroai seus filhos, minha ↘cor<u>oa</u> ✔

→Coroa de gl<u>ória</u> ✔

32 (Ijexá)

↗ Oh, Iaô ✔ (Ogum) te coroou

→ Oh, Iaô ✔ (Ogum) te coroou ✔

↗ Oh, Iaô ✔ (Ogum) te coroou

→ Oh, Iaô ✔ (Ogum) te coroou ✔

(Nagô) (Pai José Valdivino) **33**

→Pai, Filho, Espírito (Santo) ✔ na hora de Deus amém ✔

↗Ele vem pra consagrar / ✔ sua casa e seu Babá ✔

↘Que trouxe seu Ogã ✔ pra firmar pros Orixás ↘ ✔   (bis)

↗Vamos firm<u>ar</u>, meu pai, vamos firm<u>ar</u> ✔

↗Vamos firm<u>ar</u>, minha mãe, vamos firm<u>ar</u> ✔

↗Seu Ogã que toca e canta pra Babá, / ✔

→Pra Caboclo e Pretos-Velhos / ✔   (bis)

↘Pras crianças e os ↘ Orixás ✔

} (bis)

Batimento de Cabeça

O ato de "bater cabeça" é obrigatório no início dos trabalhos. É o momento em que o médium chega aos pés de Oxalá e se entrega de corpo e alma para a realização dos trabalhos espirituais, pedindo a proteção a todos os Orixás para que tudo se realize dentro da Lei Maior e da Justiça Divina e ele, como veículo, faça o melhor de si para ajudar aos irmãos que forem ao seu terreiro em busca de caridade e auxílio.

Esse momento pode ser feito de diversas formas, dependendo do tamanho do terreiro e da maneira que o dirigente realiza seus trabalhos. Em alguns terreiros, por causa do tamanho, os médiuns vão chegando, batendo cabeça e se dirigindo ao seu lugar, ficam em concentração até o início dos trabalhos. Em outros, os médiuns ficam em fila, os Ogãs tocam o ponto, e o dirigente bate cabeça, a seguir, os médiuns; em outros, os Ogãs cantam o ponto, e todos batem cabeça ao mesmo tempo.

Há casas em que nem é o ponto específico de bater cabeça, e sim um ponto a Oxalá, dependendo muito de cada dirigente espiritual.

34 (Angola)

→Quem é filho de (fé) bate cabeça aqui no congá ✓
→Pro papai Oxalá ê ê, pro papai ↘ Oxalá ✓   } (bis)

→Oh! Mamãe de Aruanda me leva,↗ me leva pro seu jacutá ✓
→Que eu sou filho de fé, eu sou filho de fé e não posso ↘ faltar   } (bis)

35 (Nagô)

↗Vem, vem, (veem) ✓, na fé de Nosso Senhor ✓
→Vem bater cabeça (meus filhos)
→ Oxalá mandou ✓

Ponto de Saudação ao Guia-Chefe de Cabeça

Este ponto deve ser cantado quando o guia-chefe da casa estiver em terra.

36 (Nagô)

→Sara(vá), saravá, saravá ✓
→Pra esse povo de pemba que fica de pé no congá ✓
↗Saravá, saravá, ↘ Oxalá a
→Ele é pai de cabeça, não deixa seu filho tombar ✓   } (bis)

→Lua ✓ Oh! Lua, ilumina o terreiro ✓ Que o pai de cabeça chegou, ✓
→Lua ✓ Oh! Lua, já deu meia-noite, e o galo de pemba cantou ✓

→Já deu meia-noite, e o galo de pemba ↗ cantou ✓
→Já deu meia-noite, e o galo de pemba → cantou ✓

7

AMACI

O amaci é um dos rituais mais importantes dentro da nossa religião. Ele é uma colocação de ervas especiais na cabeça dos médiuns. Pode ser usado para diversas ocasiões, com ervas específicas de cada Orixá, ou para um determinado objetivo (exemplo: fortalecimento mediúnico).

Também dependendo do tamanho do terreiro e da forma que o dirigente conduz sua casa, ele pode ser de diferentes maneiras. Pode o dirigente ficar à frente do congá, e os médiuns, em fila, ir passando um a um, ou o dirigente ficar sentado à frente com a tina de ervas maceradas e um médium que o dirigente confie na sua mediunidade (exemplo: pai pequeno ou mãe pequena), com uma vela de quarta acesa iluminando o Ori do médium, e ele já deitado na esteira ou pano branco, enquanto o dirigente vai passando as ervas e fazendo os pedidos. Depois o médium se recolhe e vai agradecer aos Orixás por ter passado por esse momento tão sublime, que serviu de firmeza para a sua caminha espiritual.

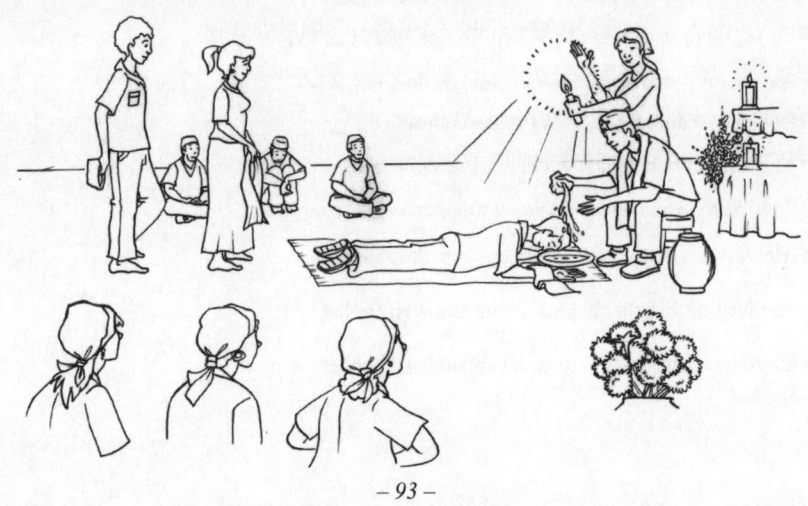

37 (Ijexá) ou só cantado

→Olha o ama(ci), olha o amaci, olha o a<u>ma</u>ci ✔ (bis)   ↗É na coroa de Oxal<u>á a</u> ✔

→Olha o amaci, olha o amaci, olha o a<u>ma</u>ci ✔ (bis)   ↗É na coroa de Baba If<u>á a</u> ✔

→Olha o amaci, olha o amaci, olha o a<u>ma</u>ci ✔ (bis)   →É na coroa de (Oxó<u>ss</u>i)

OBS.: Na última estrofe o (Ogã) mudará o nome do Orixá, conforme o filho que estiver recebendo o banho de amaci na cabeça.

38 Pontos das Sete Linhas
(Versão Severino Sena)
(Congo)

→Atravessei o mar a <u>na</u>do ✔ em ci(m<u>á</u>) de dois ba<u>rri</u>s ✔

→Eu via<u>je</u>i na Juremeira ✔ todos os Caboclos lá eu <u>vi</u> ✔

→Atravessei o mar a <u>na</u>do ✔ em cim<u>á</u> de dois ba<u>rri</u>s ✔

→ Vi Oxal<u>á</u> na Juremeira ✔ Seu Pena Branca lá eu <u>vi</u> ✔

→Atravessei o mar a <u>na</u>do ✔ em cim<u>á</u> de dois barris ✔

→Vi Iemanj<u>á</u> na Juremeira ✔ todas as sereias lá eu <u>vi</u> ✔

→Atravessei o mar a <u>na</u>do ✔ em cim<u>á</u> de dois ba<u>rri</u>s ✔

→Eu ví Ox<u>ó</u>ssi na Juremeira ✔ Seu Sete Folhas lá eu <u>vi</u> ✔

→Atravessei o mar a <u>na</u>do ✔ em cim<u>á</u> de dois ba<u>rri</u>s ✔

→Eu vi Xang<u>ô</u> na Juremeira ✔ Sete Pedreiras lá eu <u>vi</u> ✔

→Atravessei o mar a <u>na</u>do ✔ em cim<u>á</u> de dois ba<u>rri</u>s ✔

→Eu ví O<u>gum</u> na Juremeira ✔ Seu Rompe Mato lá eu <u>vi</u> ✔

→Atravessei o mar a <u>na</u>do ✔ em cim<u>á</u> de dois ba<u>rri</u>s ✔

→Obaluaê na Juremeira ✔ os Pretos-Velhos lá eu <u>vi</u> ✔

→Atravessei o mar a <u>na</u>do ✔ em cim<u>á</u> de dois ba<u>rri</u>s ✔

→Eu vi São <u>Co</u>sme na Juremeira ✔ todas crianças lá eu <u>vi</u> ✔

→Atravessei o mar a nado ✔ em cim<u>á</u> de dois barris ✔

→Eu via<u>je</u>i na Juremeira, onde a Umbanda eu conheci ✔

→Eu via<u>je</u>i na Juremeira, onde a Umbanda eu conheci ✔

39 (Nagô)

↗ Rei das de(man)das é Ogum Megê ✓

→Quem rola as pedras é Xangô, / kaô ✓

→Flecha de Oxóssi é certeira, é! ✓

↗ É é é, Oxalá é meu senhor, o o o o o ✓

↗Sete linhas de Umbanda ✓

↗Sete linhas pra vencer ✓

→Dentro das leis de Oxalá ✓

→Ninguém pode perecer ✓

↗Salve Oxum nas cachoeiras ✓

→Iemanjá, deusa do mar ✓

→Iansã pra defender ✓

→Pai Ogum pra demandar ✓

40 (Ijexá)

→Neste Jacu(tá) ✓ ↗tem mironga, tem ✓

→Neste Jacutá ✓ ↗ tem mironga, tem

↗Tem Oxóssi, tem Ogum ✓

↗Tem Kaô / → e tem Iofá ✓

→Iemanjá e tem Xangô ✓

↗Xangô / kaô, meu pai ✓

→ Saravá, nosso pai, Oxalá ✓

↗Xangô / kaô, meu pai ✓

→ Saravá, nosso pai. Oxalá ✓

41 HINO A OXALÁ
(Mãe Lurdes de Campos Vieira)
(Ijexá)

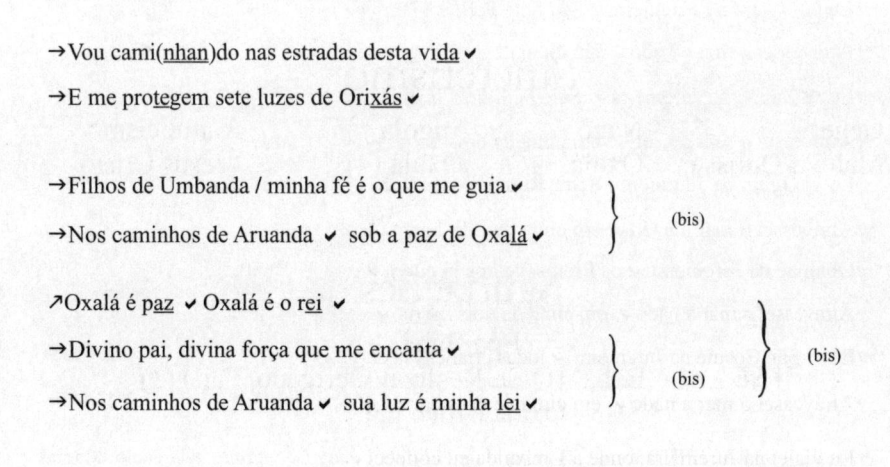

→Vou cami(nhan)do nas estradas desta vida ✓

→E me protegem sete luzes de Orixás ✓

→Filhos de Umbanda / minha fé é o que me guia ✓

→Nos caminhos de Aruanda ✓ sob a paz de Oxalá ✓ } (bis)

↗Oxalá é paz ✓ Oxalá é o rei ✓

→Divino pai, divina força que me encanta ✓

→Nos caminhos de Aruanda ✓ sua luz é minha lei ✓ } (bis) } (bis)

8

Os Orixás

Oxalá

Oxalá é o Trono Natural da Fé e é, em si mesmo, esse mistério divino, pois gera a fé o tempo todo e irradia de forma reta, alcançando tudo e todos.

As hierarquias de Oxalá são formadas por seres naturais descontraídos, profundamente religiosos, calorosos e amorosíssimos.

Todo ser que se prega à fé, com um sentimento puro de amor a Deus e a vivência com virtuosismo, está sob a irradiação de Oxalá.

Todo ser que faz da prática da caridade religiosa um ato de fé em Deus é também amparado por Oxalá em suas irradiações abrasadoras.

Sincretismo

Gêge	Nagô	Angola	Catolicismo
Mahwu/Oulissa	Oxalá	Oxalá (4)	Jesus Cristo

Saudações

Epa Babá
Exê – uê – Babá! (O Sr. Realiza! Obrigado, Pai!) (3)
Oxalá é meu pai.

Fontes: 1 – SARACENI, Rubens. *Doutrina e Teologia de Umbanda Sagrada*. São Paulo: Madras Editora, 2003, p. 148.

2 – *Revista dos Orixás*. São Paulo: Editora Provenzano, 2000, p. 15.

3 – VIEIRA, Lurdes de Campos (coord.); SARACENI, Rubens. *Manual Doutrinário, Ritualístico e Comportamental Umbandista*. São Paulo: Madras Editora, 2005.

4 – Autor (domínio público).

Pontos de Oxalá

42 (Angola)

↗Olhe pro (céu) e agradeça ao Senhor ✓

→Agradeça ao Senhor ✓

→Por ter saúde, / por ter paz e ter amor ✓ (bis)

→Oxalá, meu pai, ↗Oxalá, meu pai, ✓ (bis)

→Nunca deixe nada, / ✓ neste mundo me faltar

43 (Ijexá) (Conceição da Jurema)

→Divino é viver no (céu) ✓ Divino é viver no mar ✓ ⎫
→Divino é viver cantando no mundo / ✓   ⎬ (bis)
→ Lindo / de Oxalá ✓   ⎭

↗Oxalá, meu pai, ✓ venha / nos ajudar ✓ ⎫
↗Venha / nos dar as forças, ↘ meu pai ✓ ⎬ (bis)
→E abençoe este congá ✓   ⎭

→Divino é poder viver ✓ ⎫
↗Divino é poder cantar ✓ ⎬ (bis)
→Divino é viver cantando no mundo / ✓ lindo /de Oxalá ✓ ⎭

↗Oxalá, meu pai, ✓ venha/nos ajudar ✓ ⎫
↗Venha/nos dar as forças, ↘meu pai ✓ ⎬ (bis)
→E abençoe este congá ✓   ⎭

44 (Ijexá) (Pai José Valdevino)

→Lá no infi(ni)to uma estrela desceu ✓ Iluminando os caminhos do bem ✓ (bis)

↗Foi quando o céu se abriu ✓ ↘Clareou os campos de Belém ✓ (bis)

↗Aonde Jesus nasceu /, filho da Virgem Maria ✓

↗ É Ele o nosso Pai / que nós chamamos de Messias ✓

↗Aonde Jesus nasceu /, filho da Virgem Maria ✓

↗ É Ele o nosso Pai / ↘ que nós chamamos de Messias ✓

45 (Ijexá)

→Cruzeiro Di(vi)no ✓   Cruzeiro Madeiro ✓ ⎫
→As forças divinas ✓ de um Deus Verdadeiro ✓ ⎬ (bis)

↗De lá vem vindo ✓ de lá vem só ✓ ⎫
→De lá vem vindo a força maior ✓ ⎬ (bis)

Oxum

Oxum é o Trono Natural irradiador do amor divino e da concepção da vida em todos os sentidos. Como "Mãe da Concepção", estimula a união matrimonial e, como Trono Mineral, favorece a conquista da riqueza espiritual e a abundância material.

Está em tudo o que Deus criou. Ela é tida como o Orixá do amor, do coração ou da concepção, porque é em si mesma o amor divino e o manifesta a partir de si mesma, dando origem às agregações.

A partir das agregações, Oxum dá origem à concepção das coisas, já que ela é a própria concepção divina como qualidade do divino Criador, que individualizou essa qualidade nela, sua divindade do amor que agrega e concebe.

Oxum desperta o amor nos seres, agrega-os e dá início à concepção da própria vida. Por isso, é tida como a divindade que rege a sexualidade, pois é, por seu intermédio, que a vida é concebida na carne, multiplicando-se.

Tudo o que se liga no Universo só se liga por causa do magnetismo agregador de Oxum. Ela está em todas as outras qualidades de Deus, nos sentimentos, na criação, nos seres, nas criaturas e nas espécies.

Sincretismo

Gêge	Nagô	Angola	Catolicismo
Axiri	Oxum	Dandalunda	Nossa Senhora Aparecida

Saudações

A bênção, mãe!
Ora Yê iê, ô! (Olha por nós, Mãezinha) (3)
Ai iê ieô!
Eri ieiê ô!

Fontes: 1 – SARACENI, Rubens. *Doutrina e Teologia de Umbanda Sagrada*. São Paulo: Madras Editora, 2003, p. 152.
2 – *Revista dos Orixás*. São Paulo: Editora Provenzano, 2000, p. 15.
3 – VIEIRA, Lurdes de Campos (coord.), *Manual Doutrinário Ritualístico e Comportamental Umbandista*. São Paulo: Madras Editora, 2005, p. 72.

Pontos de Oxum

PONTO DE COROA
46 (Ijexá)

→Nas cacho(eiras) da Mamãe Oxum ✓ ⎫
→Correm águas cristalinas (bis)
→Dos pés de Pai Olo<u>rum</u> ✓ ⎭

→Pai Olo<u>rum</u>, ✓ sentado as cachoeiras ✓
→Das águas cristalinas, que Jesus aben<u>ç</u>oou ✓

→Eu vou pedir a permissão a Oxalá ✓ ⎫
pra banhar nas cachoeiras (bis)
→Para todo mal le<u>var</u> ✓ ⎭

PONTO DE FIRMEZA
47 (Ijexá)

→Eu (vi) Mamãe Oxum ⎫
→Nas cacho<u>eiras</u> ✓ (bis)
↗<u>Sen</u>tada na beir<u>a</u> do <u>rio</u> ✓ ⎭

→Colhendo o <u>lírio, lírio, eh</u> ✓
→ Colhendo o <u>l</u>írio, lírio, <u>ah</u>! ✓

→Colhendo lírios ✓ pra enfeitar nosso↗
↗con<u>gá</u> ✓
→Colhendo o <u>l</u>írio, lírio, <u>eh</u>! ✓
→Colhendo o <u>l</u>írio, lírio, <u>ah</u>! ✓

→Colhendo lírios ✓ pra enfeitar nosso
↘con<u>gá</u> ✓

PONTO DE CHAMADA
48 (Angola)

→A (<u>mi</u>)nha Mãe Oxum, ora aieeu ✓
↗<u>Ra</u>inha das cachoeiras ✓

↗A deu<u>sa</u> da beleza ⎫
↗É minha Mãe Ox<u>um</u> ✓ (bis)
→Orix<u>á</u> da Nature<u>za</u> ✓ ⎭

→Aí vem Mãe Oxum passeando ✓ ⎫
→Passeando no clarão da lu<u>a</u> ✓ (bis)

↗Ai como é lin<u>da</u>, ✓ Ai como é lin<u>da</u> ✓ ⎫
→Mamãe Oxum passeando no/ (bis)
→ Clarão da lua ✓ ⎭
→Ora aieeu

PONTO DE SAUDAÇÃO
49 (Ijexá) (Pai José Valdivino)

→Um arco-(íris) ✓ surgiu no céu az<u>uu</u>l ✓
↗Forças divinas ✓ do Pai Obata<u>lá</u> ✓
↗Uma coroa ✓ brilhou entre as estrelas ✓

→Era a prin<u>ce</u>sa, filha de Orumi<u>lá</u> ✓
↗Uma coroa ✓ brilhou entre as estrelas ✓
→Era a prin<u>ce</u>sa, filha de Orumi<u>lá</u> ✓

→Deusa do ouro ✓ das águas cristali<u>nas</u> ✓
→Força Divina ✓ aieieu Oxum meni<u>na</u> ✓

→Deusa do ouro ✓ das águas cristali<u>nas</u> ✓
→Força Divina ✓ aieieu, Oxum meni<u>na</u> ✓

PONTOS DE SUSTENTAÇÃO

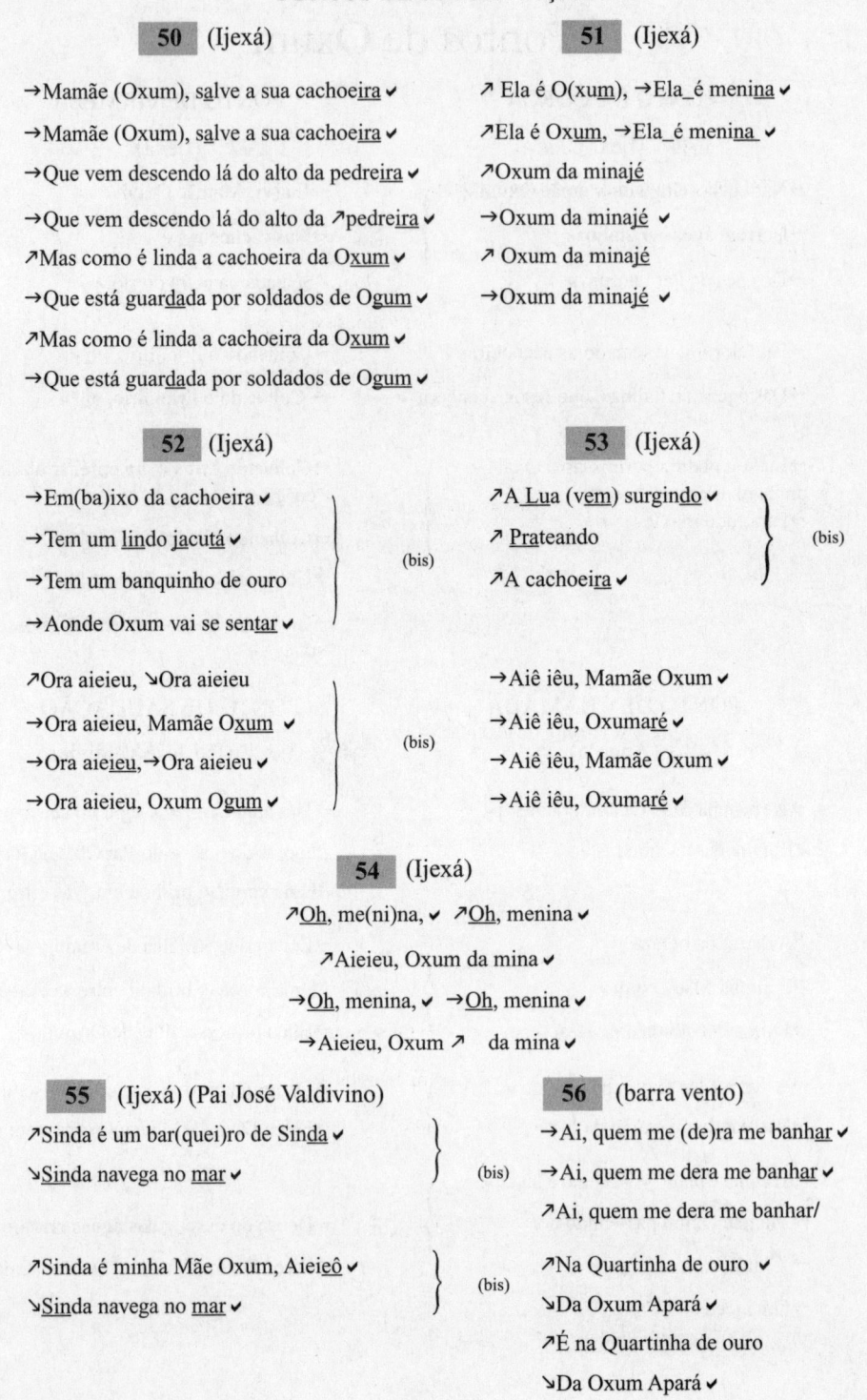

50 (Ijexá)

→Mamãe (Oxum), salve a sua cachoeira ✔
→Mamãe (Oxum), salve a sua cachoeira ✔
→Que vem descendo lá do alto da pedreira ✔
→Que vem descendo lá do alto da ↗pedreira ✔
↗Mas como é linda a cachoeira da Oxum ✔
→Que está guardada por soldados de Ogum ✔
↗Mas como é linda a cachoeira da Oxum ✔
→Que está guardada por soldados de Ogum ✔

51 (Ijexá)

↗ Ela é O(xum), →Ela_é menina ✔
↗Ela é Oxum, →Ela_é menina ✔
↗Oxum da minajé
→Oxum da minajé ✔
↗ Oxum da minajé
→Oxum da minajé ✔

52 (Ijexá)

→Em(ba)ixo da cachoeira ✔
→Tem um lindo jacutá ✔
→Tem um banquinho de ouro   (bis)
→Aonde Oxum vai se sentar ✔

↗Ora aieieu, ↘Ora aieieu
→Ora aieieu, Mamãe Oxum ✔
→Ora aieieu, →Ora aieieu ✔   (bis)
→Ora aieieu, Oxum Ogum ✔

53 (Ijexá)

↗A Lua (vem) surgindo ✔
↗ Prateando   (bis)
↗A cachoeira ✔

→Aiê iêu, Mamãe Oxum ✔
→Aiê iêu, Oxumaré ✔
→Aiê iêu, Mamãe Oxum ✔
→Aiê iêu, Oxumaré ✔

54 (Ijexá)

↗Oh, me(ni)na, ✔ ↗Oh, menina ✔
↗Aieieu, Oxum da mina ✔
→Oh, menina, ✔ →Oh, menina ✔
→Aieieu, Oxum ↗ da mina ✔

55 (Ijexá) (Pai José Valdivino)

↗Sinda é um bar(quei)ro de Sinda ✔
↘Sinda navega no mar ✔   (bis)

↗Sinda é minha Mãe Oxum, Aieieô ✔
↘Sinda navega no mar ✔   (bis)

56 (barra vento)

→Ai, quem me (de)ra me banhar ✔
→Ai, quem me dera me banhar ✔
↗Ai, quem me dera me banhar/
↗Na Quartinha de ouro ✔
↘Da Oxum Apará ✔
↗É na Quartinha de ouro
↘Da Oxum Apará ✔

PONTOS DE SUBIDA
57 (Angola)

→Quem (manda) nas cachoeiras ✓ ↗é O<u>x</u>um ✓
→Quem tem tantos filhos pode ter mais <u>um</u> ✓ } (bis)

→Firma pon<u>to</u> ✓ , filho de <u>fé</u> ✓ ↗ <u>B</u>ate cabeça no con<u>gá</u> ✓

→Sara<u>vá</u> ✓ , Mamãe↗ O<u>x</u>um ✓ →Que↗ a<u>go</u>ra vai nos ↘dei<u>xar</u> ✓
→Sara<u>vá</u> ✓ , Mamãe↗ O<u>x</u>um ✓ →Que↗ a<u>go</u>ra vai nos ↘dei<u>xar</u> ✓

58 (Angola)
(Maurício Martins)

→Vai pro (<u>fim</u>) do <u>a</u>rco-íris ✓ Onde <u>tem</u> uma linda cachoe<u>ira</u> ✓

↗Que de<u>sliza</u> <u>su</u>as águas ✓ em u<u>ma</u> be<u>lá</u> pedr<u>eira</u> ✓
↗Que de<u>sliza</u> <u>su</u>as águas ✓ em u<u>má</u> be<u>lá</u> pedr<u>eira</u> ✓

↗<u>R</u>ufam os tamb<u>ores</u> ✓ e os <u>fi</u>lhos a can<u>tar</u> ✓

→<u>É</u> che<u>ga</u>da a hora ✓ Mãe O<u>x</u>um vai <u>nos</u> dei<u>xar</u> ✓
→<u>É</u> che<u>ga</u>da a hora ✓ Mãe O<u>x</u>um vai <u>nos</u> dei<u>xar</u> ✓

58a (Ijexá)

→Oh ma(mãe) ✓ Oh mamãe O<u>x</u>um ✓ (bis)

→Olha o couro chamando ✓ Olha o couro de Olorum ✓ (bis)

→Mãe Oxum já vai embora ✓ Oxalá foi quem chamou ✓
→Mãe Oxum já vai embora ✓ Mas nos deixa o seu amor ✓ } (bis)

58b (Barra-vento)

→Oxum quando (vai,) vai pra mina do ouro ✓ (bis)
→Vai vai vai, vai pra mina do ouro ✓ (bis)

Oxóssi

O conhecimento é uma qualidade de Deus, e Oxóssi é sua divindade unigênita, pois ele é em si mesmo o conhecimento divino que ensina todos a conhecer a si mesmos a partir do conhecimento sobre nosso divino Criador.

Por ser divindade manifestadora do conhecimento divino, Oxóssi está em todas as qualidades de Deus manifestadas pelas suas outras divindades, assim como todas estão em Oxóssi, que é em si mesmo o conhecimento.

Seu magnetismo expande as faculdades dos seres, aguça o raciocínio e os predispõe a buscar a gênese das coisas (o conhecimento sobre elas). Logo, Oxóssi é o estimulador natural dessa busca incessante sobre nossa própria origem divina.

Por sua natureza expansiva e seu grau de divindade guardiã dos mistérios da natureza, Oxóssi é descrito nas lendas como um Orixá caçador, ligado às matas (os vegetais). Como divindade, ele é estimulador da busca do conhecimento que religa ao Pai Maior, o Divino Criador.

Por isso e porque o conhecimento está em tudo e em todos, assim como está nas outras qualidades divinas, Oxóssi é interpretado como a divindade que atua nos seres, aguçando o raciocínio, esclarecendo-os e expandindo as faculdades mentais ligadas ao aprendizado das coisas religiosas, estimulando a busca por Deus, sem fanatismo ou emotividade, mas com conhecimento e fé.

Sincretismo

Gêge	Nagô	Angola	Catolicismo
Águe	Oxóssi	Congobia	São Sebastião (SP/RJ/PA)
			São Jorge (Bahia)

Saudações

Okê Arô! (Dê o seu brado, majestade!) (3)
Okê Bambi o Klimi!

Fontes: 1 – SARACENI, Rubens. *Doutrina e Teologia de Umbanda Sagrada*. São Paulo: Madras Editora, 2003, p. 154.
2 – *Revista dos Orixás*. São Paulo: Editora Provenzano, 2000, p. 3.
3 – VIEIRA, Lurdes de Campos (coord.); SARACENI, Rubens. *Manual Doutrinário, Ritualístico e Comportamental Umbandista*. São Paulo: Madras Editora, 2005, p. 72.

Caboclos e Caboclas

Quando falamos do Orixá Oxóssi, temos de falar também dos seus mensageiros diretos, os Caboclos e Caboclas, haja vista que, nos terreiros de Umbanda, trabalhamos mais com os Caboclos(as) do que com o Orixá Oxóssi. Isso é muito comum na Umbanda, há terreiros que nem trabalham com o Orixá; cantam, saúdam, fazem festa, mas não têm os fundamentos e não sabem trabalhar com o Orixá; é muito comum por isso se trabalhar tanto com os Caboclos(as).

Para ajudar nos esclarecimentos que um Ogã precisa ter, a fim de cantar com determinação e conhecimento de causa, fui buscar duas matérias publicadas que falam justamente sobre nossos Caboclos tão queridos.

A primeira, com o título "Caboclos, os Donos das Matas", publicada pelo nosso irmão Marques Rebelo, com pesquisa e texto da irmã Virgínia Rodrigues, da *Revista Espiritual de Umbanda*, n. 15, da Editora Escala, é reproduzida aqui parcialmente.

Na Umbanda, a imagem dos Caboclos refere-se a indígenas que viveram no planeta Terra em épocas distantes e que habitaram diversas regiões, possuindo civilizações que, à primeira vista, poderiam parecer primitivas, mas possuíam grande sabedoria – Astecas, Incas, Maias e os demais povos que habitaram a América do Norte e a América do Sul em tempos remotos.

As falanges de Caboclos são capazes de penetrar em todas as linhas e atuar em diversas vibrações, mas cada guia possui sua vibração original. Antigamente se acreditava que os Caboclos só pudessem trabalhar na vibração de Oxóssi, mas eles possuem vibrações diferentes e podem se apresentar também sob a vibração de outros Orixás, não é necessário que a vibração do Caboclo seja coincidente com a vibração de cabeça do médium.

São grandes conselheiros, pregam a caridade e o amor ao próximo e à natureza. Trazem como principal ensinamento a coragem e a fé. Por meio de seus pontos riscados, realizam suas magias, fazendo limpezas e evocando elementais da natureza. Em seus trabalhos, costumam utilizar giz de pemba, velas, essências florais, frutas, charutos e defumadores. A fumaça do charuto é utilizada para a limpeza da aura dos consulentes e para aplicar passes.

O fato de esses espíritos se apresentarem sob a roupagem fluídica de índio se dá pelo grau de afinidade espiritual, não significando necessariamente que sejam apenas espíritos de índios ou mestiços que se apresentam nos terreiros. Algumas entidades caboclas costumam trabalhar também na desobsessão e possuem grande poder no desmanche de magias e ataques espirituais.

Entre os Caboclos mais conhecidos na Umbanda, podemos citar: Caboclos Sete Flechas, Arranca-Toco, Girassol, Ventania, Tupinambá, Arariboia, Urubatão, Cobra Coral, Sete Montanhas, Sete Pedreiras e tantos outros Chefes de Falanges que possuem grande destaque nos terreiros. Uma das Caboclas mais conhecidas é a Cabocla Jurema, possui força para quebrar demandas e trazer equilíbrio aos que necessitam de sua ajuda.

Como foi mostrado no início desta seção, os Caboclos são de Oxóssi, mas podem trabalhar sob a orientação, vibração de Oxóssi e de outro Orixá. Então, extraímos da mesma publicação uma relação de falanges de Caboclos de Oxóssi e outros Orixás para o conhecimento e o entendimento do que dizem as letras dos pontos que nós cantamos nos trabalhos.

Quando vemos os Caboclos trabalhando na mesma gira, mas de formas tão diferentes, precisamos entender justamente aí a qual falange ele pertence, pois uns são feiticeiros, outros são conselheiros, outros ainda nos recomendam banhos ou nos determinam que tenhamos mais decisões em nossas vidas, então, estamos diante de Caboclos de falanges e Orixás diferentes e não percebemos. Temos ainda aqueles Caboclos que trabalham em mais de uma falange, por exemplo, Sete Flechas, Sete Caminhos, Cobra Coral, etc., e nós, Ogãs, precisamos ter esses conhecimentos para movimentar as energias corretas dentro do trabalho.

Para ilustrar essas palavras, fui buscar uma matéria publicada pela nossa querida irmã e dirigente espiritual Mãe Mônica Caraccio, do Centro Cultural de Umbanda Carismática Luz de Oxalá – Força de Oxum, em seu *Jornal de Umbanda Carismática* (JUCA), edição de abril/2007, com o título "Caboclo, o Rei das Matas", reproduzindo aqui a parte que fala sobre as "formas de incorporações e a especialidade dos Caboclos".

Caboclos de Oxum: Geralmente, são suaves e costumam rodar. A incorporação acontece primeiro ou quase simultaneamente no coração. Trabalha na ajuda de doenças psíquicas, como: depressão, desânimo, entre outras. Especialistas em passes de dispersão, e energização, aconselham muito, tendem a dar consultas que façam pensar.

Caboclos de Ogum: Sua incorporação é mais rápida e mais compactada no chão, não rodam ou rodam pouco. São consultas diretas, trabalham muito com aberturas de caminhos. Seus passes são na maioria das vezes para doar força física e ânimo.

Caboclos de Iemanjá: Incorporação de forma suave, porém, mais rápidos do que os de Oxum, rodam muito, chegando a deixar o médium tonto. Trabalham geralmente para anular demandas realizadas no mar. Seus passes aplicam-se à limpeza espiritual.

Caboclos de Xangô: São guias de incorporação rápida e contida, geralmente arriando o médium no chão, trabalham de forma justa, com poucas palavras e muita sabedoria. Dão também muitos passes de dispersão.

Caboclos de Nana: Assim como os Pretos-Velhos de Nanã, são raros. Geralmente, trabalham aconselhando, mostrando o carma e como ter resignação. Durante seus passes, encaminham eguns que estão próximos. Sua incorporação é contida, pouco dançam.

Caboclos de Iansã: São rápidos e deslocam muito o médium. São diretos e rápidos para falar; muitas vezes, pegam o médium e o consulente de surpresa. Dão excelentes passes de dispersão (descarrego) encaminhando eguns.

Caboclos de Oxalá: Quase não trabalham dando consultas, geralmente dão passes de energização. São "compactados" ao incorporar e se mantêm fixos em um ponto do terreiro, sem se deslocar muito.

Caboclos de Oxóssi: São os que mais se locomovem, são rápidos e dançam muito. Têm grande conhecimento sobre utilização e aplicação de ervas para banhos e defumadores. Esses caboclos geralmente são chefes de linha.

Caboclos de Obaluaê: São raros, pois são espíritos dos antigos "bruxos" das tribos indígenas. Sua incorporação se assemelha à dos Pretos-Velhos; locomovem-se apoiados em cajados e movimentam-se pouco.

Mas você poderá pensar... Ah... meu Caboclo de Xangô não trabalha desse jeito, meu Caboclo de Ogum também não trabalha assim, e eu afirmo: não tem problema, pois o que foi passado é uma síntese básica das formas de incorporações; logicamente, tudo muda de médium para médium, pois depende de toda a hierarquia e família espiritual do médium. No entanto, estamos só pincelando esse assunto; se quiserem se aprofundar no estudo, consultem os livros da Madras Editora; o autor

Rubens Saraceni tem dezenas de livros que podem esclarecer sobre o assunto, essa não é nossa missão aqui. Só falamos, pois, para o Ogã, é importante saber tudo o que se passa no terreiro

Agora que falamos um pouco sobre as formas de incorporações nos terreiros, vamos listar alguns nomes de Caboclos de diversos Orixás. Não podemos esquecer que há Caboclos de diversas linhas que usam o mesmo nome, tanto em Oxóssi, Ogum ou Xangô, etc.; há Caboclo com nome diferente, e o médium não fala o nome, com receio de estar falando o nome errado, pois nunca ouviu falar nesse nome ou acha feio. Nesse caso, o Caboclo, no alto de sua sabedoria e humildade, aceita ser chamado por outro nome, pois sabe que esse médium ainda não está preparado para isso.

Lembramos aqui que, para cada Orixá, listamos apenas alguns nomes. Sabemos que existem milhões de nomes que não estão aqui ou não conhecemos. Transcrevemos esta lista da mesma edição da *Revista Espiritual de Umbanda*, com a matéria "Falange de Caboclos".

Caboclos de Oxóssi

Caboclo da Lua
Caboclo Caçador
Caboclo Junco Verde
Caboclo Pena Dourada
Caboclo Rompe Folha
Caboclo Folha Verde

Caboclo Arruda
Caboclo Arapui
Caboclo Mata Virgem
Caboclo Pena Verde
Caboclo Rei da Mata
Caboclo Tupinambá

Caboclo Boiadeiro
Caboclo Japiassu
Caboclo Pena Branca
Caboclo Pena Azul
Caboclo Sete Flechas
Caboclo Tupiara

Caboclo Ubá
Caboclo Javari
Caboclo Flecheiro
Caboclo Tupaíba
Caboclo Flecheiro
Caboclo Paraguassu

Caboclos de Oxalá

Caboclo Tupi
Caboclo Ubiratan

Caboclo Guarani
Caboclo Ubirajara

Caboclo Aimoré
Caboclo Urubatão da Guia

Caboclo Guaraci

Caboclos de Ogum

Caboclo Águia Branca
Caboclo Beira-Mar
Caboclo Ipojucan
Caboclo Rompe-Nuvem
Caboclo Tabajara

Caboclo Águia Dourada
Caboclo da Mata
Caboclo Itapoá
Caboclo Sete Matas
Caboclo Tupuruplata

Caboclo Águia Solitária
Caboclo Icaraí
Caboclo Jaguaré
Caboclo Sete Ondas
Caboclo Rompe-Ferro

Caboclo Arariboia
Caboclo Caiçara
Caboclo Rompe-Mato
Caboclo Tamoio

Caboclos de Xangô

Caboclo Araúna
Caboclo do Sol
Caboclo Goitacaz

Caboclo Sete Cachoeiras
Caboclo Treme-Terra

Caboclo Cajá
Caboclo Girassol
Caboclo Jupará

Caboclo Sete Montanhas

Caboclo Caramuru
Caboclo Guaraná
Caboclo Rompe-Serra

Caboclo Sete Estrelas

Caboclo Cobra Coral
Caboclo Guará
Caboclo Sete Caminhos
Caboclo Sete Luas

Caboclos de Omolu

Caboclo Arranca-Toco
Caboclo Guiné
Caboclo Uiratan
Caboclo Laçador
Caboclo Piraí
Caboclo Tira-Teima

Caboclo Acure
Caboclo Gira-Mundo
Caboclo Alho-Dágua
Caboclo Roxo
Caboclo Suri
Caboclo Sete-Águias

Caboclo Aimbiré
Caboclo Lucatan
Caboclo Pedra Branca
Caboclo Grajaúna
Caboclo Serra Verde
Caboclo Tibiriçá

Caboclo Bugre
Caboclo Jupuri
Caboclo Pedra Preta
Caboclo Bacuí
Caboclo Serra Negra
Caboclo Ventania

Caboclas de Iansã

Cabocla Bartira
Cabocla Maíra
Cabocla Poti

Cabocla Jussara
Cabocla Ivotice
Cabocla Potira

Cabocla Jurema
Cabocla Raio de Luz

Cabocla Japotira
Cabocla Palina

Caboclas de Iemanjá

Cabocla Diloé
Cabocla Janaína
Cabocla Sete Ondas

Cabocla da Praia
Cabocla Jandira
Cabocla Sol Nascente

Cabocla Estrela d'Alva
Cabocla Jacira

Cabocla Guaraciaba
Cabocla Jaci

Caboclas de Oxum

Cabocla Iracema
Cabola Juruena
Cabocla Estrela da Manhã

Cabocla Imaiá
Cabocla Jupira
Cabocla Tunué

Cabocla Jaceguaia
Cabocla Jandaia
Cabocla Mirini

Cabocla Juruema
Cabocla Araguaia
Cabocla Yara

Caboclas de Ogum

Cabocla Açucena
Cabocla Juraci
Cabocla Sumarajé

Cabocla Inaíra
Cabocla Jutira
Cabocla Paraquassu

Cabocla Juçanã
Cabocla Luana

Cabocla Janira
Cabocla Muiraquitan

Como falamos antes, muitos outros nomes existem e estão aí para serem cultuados e louvados.
Saravá, Caboclos, Okê, Caboclos..., Saravá, Caboclas, Okê, Caboclas...

Pontos de Oxóssi

PONTOS DE FIRMEZA

59 (Congo de ouro)

→É (Zam)bi quem governa o mundo ✓
↗Só Zambi sabe governar ✓
→É Zambi quem clareia as estrelas ✓
→Ilumina Oxóssi ↘ lá no Juremá ✓
→É Zambi quem clareia as estrelas ✓
→Ilumina Oxóssi ↘ lá no Juremá ✓
→Okê, meus caboclos, okê ✓
→Okê, meus ↗caboclos, ↘ okê ✓
→Okê, meus caboclos, okê ✓
→Okê, meus ↗caboclos, ↘ okê ✓

PONTO DE COROA

60 (Nagô) (Pai José Valdivino)

→Se(nhor) das matas virgens ✓
→Dá licença, que eu venho, saravá ✓
→Senhor das matas virgens ✓
→Dá licença, que eu venho, saravá ✓
↗Cabocla Jurema ✓ com seus caboclos ✓
↗Das matas virgens, ✓ na fé ↘ de Oxalá ✓
↗Cabocla Jurema ✓ com seus caboclos ✓
↗Das matas virgens, ✓ na fé ↘ de Oxalá ✓
↗Jureema, ✓ são seus filhos que te chamam ✓
↘Jurema, ✓ salve o povo da Umbanda ✓
↗Jureema, ✓ são seus filhos que te chamam ✓
↘Jurema, ✓ salve o povo da Umbanda ✓

PONTO DE FIRMEZA

61 (Angola)

↗Eu (vou), saravá, senhor Oxóssi, ✓
↘ lá no Juremá ✓
↗Ele é quem manda, ✓   } (bis)
→Ele é o dono das maatas ✓
↘Poderoso Orixá ✓ na lei da Umbanda ✓
→Senhor Oxóssi ✓ lá nas matas da Jurema ✓
→Confirmou seu Diadema, ✓ que Oxalá lhe ↗ofertou ✓
→Flecha de ↗ouro ✓ e a coroa que é de rei ✓
→É Cacique na Jurema ✓   } (bis)
→A Umbanda confirma a lei ✓

PONTO DE CHAMADA

62 (Angola)
(Roberto da Silva)

→Oh, minha bela Ira(ce)ma ✓
→Onde está o seu congá
↗Onde está o seu bodoque ✓   } (bis)
→Onde é o seu canzuá
→ Iracema, Iracema ✓
↗Das águas mansas
→Da Jurema ✓
→Lá nas matas de Oxóssi ✓
→Nem a lua nem o sol ✓   } (bis)
→tem beleza tão igual ✓
Iracema

PONTOS DE CHAMADA

63 (Congo)

→Senhor das matas (virgens), ele é meu pai ✓
→Senhor das matas virgens, ele é meu pai ✓

→Vou chamar senhor de Odé, ↘ na corte celestial ✓
→Vou chamar senhor de Odé, ↘ na corte celestial ✓

64 (Ijexá)

↗ É uma ando(ri)nha, é um caçador ✓
→Caboclo vai sair da mata real ✓

↗É uma andorinha, é um caçador ✓
→Caboclo vai sair da mata real ✓

65 (Barravento)

→Caboclo(a) lá da samambaia
→Onde está que não vem cáa ✓ } (bis)

→Mas ele(a) mora na boca da aldeia
→Arreia, arreia, arreia ✓ } (bis)

66 (Barravento)

→Por(tão) da aldeia abriu ✓
↗Para o caboclo passar ✓ } (bis)

↗É hora é hora é hora ↘caboclo
↗É hora de trabalhar ✓ } (bis)

SUSTENTAÇÃO

67 (Angola)

→Eu sou folha (seca), oi, paranga ✓
→Eu sou do congá/oi, paranga ✓
→Eu sou folha seca, oi, paranga ✓
↘Vim do Juremá ✓

→Eu sou folha seca, oi, paranga ✓
→Eu sou do congá/oi, paranga ✓
→Eu sou folha seca, oi, paranga ✓
↘Vim do Juremá ✓

→Eu sou da maata ✓

↗Oi que mata é a sua? ✓
→Onde pia a cobra o sabiá
→E clareia a lua ✓

→Eu sou da maata ✓
↗Oi, que mata é a sua? ✓
→Onde pia a cobra, o sabiá
→E clareia a lua ✓

68 (Congo)

→Estrela(d'Alva), estrela divina ✓
→Estrela guia que nos ilumina ✓

→Estrela d'Alva, estrela divina ✓
→Estrela guia que nos ilumina ✓

→Ilumina o céu ✓
↗Ilumina as maatas ✓
↗Ilumina a aldeia de ↘Oxóssi ✓
→Força divina ✓

→Ilumina o céu ✓
↗Ilumina as maatas ✓
↗Ilumina a aldeia de ↘Oxóssi ✓

→Força divina ✓

PONTOS DE SUSTENTAÇÃO

69 (Angola)

→Olha as (folhas) da Jurema, estão caindo ✓ estão caindo enfeitando este congá ✓
→Olha as folhas da Jurema, estão caindo ✓ estão caindo enfeitando este congá ✓
→*Jurema, cabocla linda!* ✓ *Jurema da pele morena!* ✓ *Jurema do saiote de peenas* ✓
→Vem dançar neste terreiro ✓ Vem dançar neste terreiro ✓ Saravando ↗Oxalá ✓
→Vem dançar neste terreiro ✓ Vem dançar neste terreiro ✓ Saravando ↘Oxalá ✓
→Vem lá das matas ✓ onde faz sua morada, ✓ No seu penacho tem penas de várias cores ✓
→Penas vermelhas ✓ porque ela já foi guerreira ✓ Tem penas verdes ✓ porque Oxóssi é seu pai ✓
→Tem pena azul que representa as forças d'água ✓ Tem penas brancas ✓ pra representar a ↘ paz
↗Jurema ê, Jurema á ✓ Cabocla linda vem dançar neste congá ✓
↗Jurema ê, Jurema á ✓ Cabocla linda vem dançar neste ↘ congá ✓

70 (Nagô) (Pai José Valdivino)

→Iara, deusa dos (rios) ✓
→Das matas do mangeral ✓
↗Iara, deusa sagrada, ✓
→Flecheira de Oxalá ✓

↗Nas matas que ela domina ✓ ⎫
→Não deixa filho tombar ✓ ⎭ (bis)

→O jureme re re re re re re re ✓ ⎫
→O juremá re re re re re ra ✓ ⎭ (bis) (refrão)

→Oxum lá nas cachoeiras ✓ ⎫
→Nas águas de Oxalá ✓
↗Cabocla na juremeira ✓
→Sereia em alto mar ✓
↗Cabocla na juremeira ✓   }(bis)
→Sereia em alto mar ✓ ⎭
(Refrão)

71 (Barravento) CHAMADA

↗Ele vem (vin)do pelo rio de contas ✓
↗Vem passeando pela aquela rua ✓

↗Ele vem vindo pelo rio de contas ✓
↗Vem passeando pela aquela rua ✓

→Olha como é lindo ✓
→Seu (Sete Flechas) no clarão da lua ✓

→Olha como é lindo ✓
→Seu (Sete Flechas) no clarão da lua ✓

72 (Ijexá)

→Na minha al(dei)a, ele é Caboclo ✓ ⎫
→E o seu nome é Sr. Arranca-Toco ✓ ⎭ (bis)

↗Na minha aldeia ✓ lá na Jureema ✓ ⎫
→Não se faz nada sem ordem suprema ✓ ⎭ (bis)

PONTO DE SAUDAÇÃO DE CABOCLAS

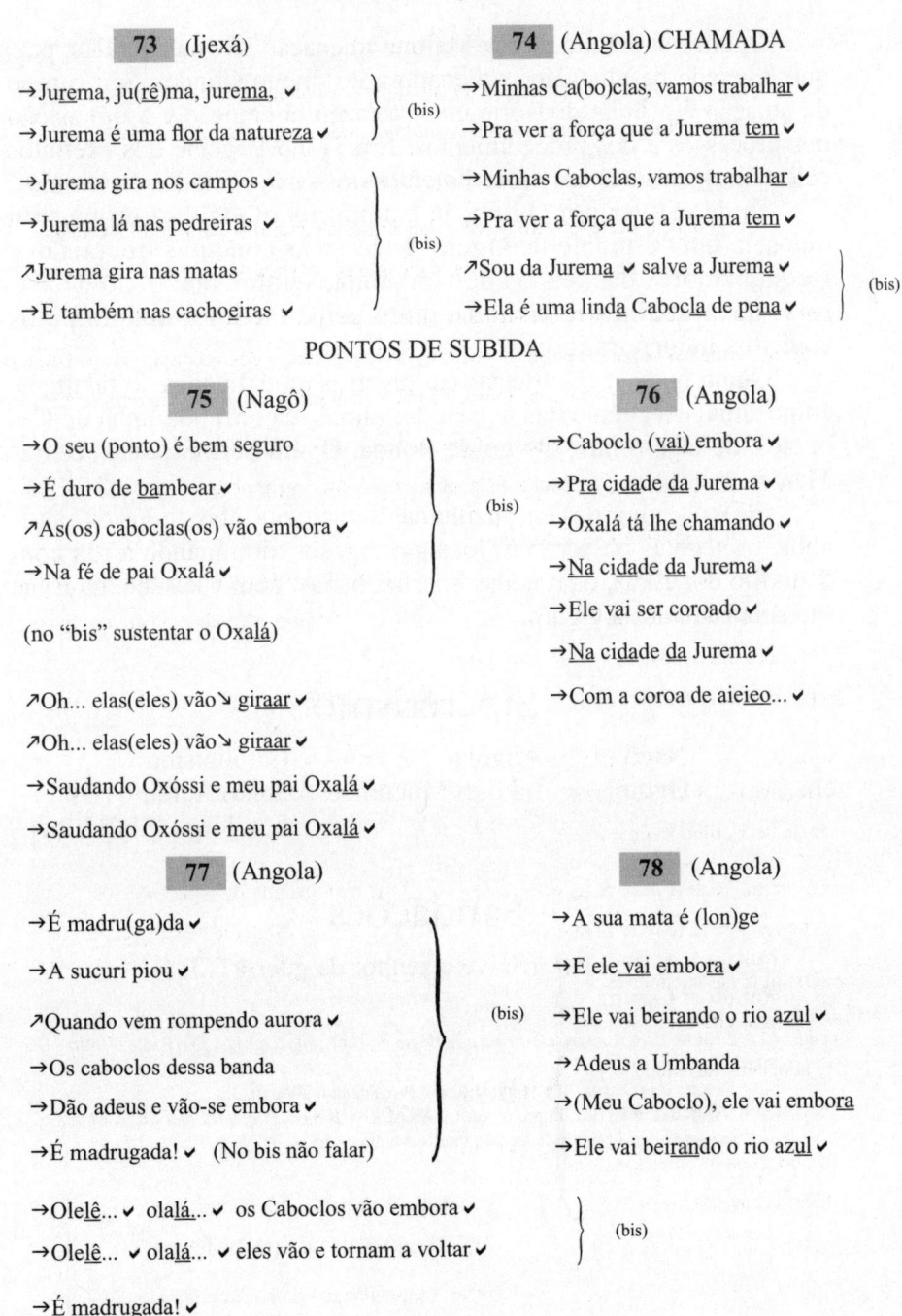

73 (Ijexá)

→Jurema, ju(rê)ma, jurema, ✓
→Jurema é uma flor da natureza ✓ } (bis)

→Jurema gira nos campos ✓
→Jurema lá nas pedreiras ✓
↗Jurema gira nas matas
→E também nas cachoeiras ✓ } (bis)

74 (Angola) CHAMADA

→Minhas Ca(bo)clas, vamos trabalhar ✓
→Pra ver a força que a Jurema tem ✓

→Minhas Caboclas, vamos trabalhar ✓
→Pra ver a força que a Jurema tem ✓
↗Sou da Jurema ✓ salve a Jurema ✓
→Ela é uma linda Cabocla de pena ✓ } (bis)

PONTOS DE SUBIDA

75 (Nagô)

→O seu (ponto) é bem seguro
→É duro de bambear ✓
↗As(os) caboclas(os) vão embora ✓
→Na fé de pai Oxalá ✓ } (bis)

(no "bis" sustentar o Oxalá)

↗Oh... elas(eles) vão ↘ giraar ✓
↗Oh... elas(eles) vão ↘ giraar ✓
→Saudando Oxóssi e meu pai Oxalá ✓
→Saudando Oxóssi e meu pai Oxalá ✓

76 (Angola)

→Caboclo (vai) embora ✓
→Pra cidade da Jurema ✓
→Oxalá tá lhe chamando ✓
→Na cidade da Jurema ✓
→Ele vai ser coroado ✓
→Na cidade da Jurema ✓
→Com a coroa de aieieo... ✓

77 (Angola)

→É madru(ga)da ✓
→A sucuri piou ✓
↗Quando vem rompendo aurora ✓ (bis)
→Os caboclos dessa banda
→Dão adeus e vão-se embora ✓
→É madrugada! ✓ (No bis não falar)

→Olelê... ✓ olalá... ✓ os Caboclos vão embora ✓
→Olelê... ✓ olalá... ✓ eles vão e tornam a voltar ✓

→É madrugada! ✓

78 (Angola)

→A sua mata é (lon)ge
→E ele vai embora ✓
→Ele vai beirando o rio azul ✓
→Adeus a Umbanda
→(Meu Caboclo), ele vai embora
→Ele vai beirando o rio azul ✓ } (bis)

Ogum

Ogum é sinônimo de Lei Maior, Ordenação Divina e retidão, porque é gerado na qualidade ordenadora do divino Criador. Seu campo de atuação é a linha divisória entre a razão, a emoção e a ordenação dos processos e dos procedimentos. É o Trono Regente dos exércitos celestiais, guardiões dos procedimentos dos seres em todos os sentidos.

Onde estiver um Ogum, lá estarão os olhos da Lei, mesmo que seja um "Caboclo de Ogum", avesso às condutas liberais dos frequentadores das tendas de Umbanda, sempre atento ao desenrolar dos trabalhos realizados, tanto pelos médiuns quanto pelos espíritos incorporadores.

Ogum pode se manifestar em diversas modalidades ou falanges, como ritual executado das águas, das almas, da terra, da linha de Caboclos, de Ogum Iara, Ogum de Ronda, Ogum Sete Espadas, Beira-Mar, etc.

Ele é o senhor das encruzilhadas, aquele que abre todos os caminhos, protege as pessoas em locais perigosos, dominando a rua com o auxílio dos Exus, os reis das encruzilhadas; como se sabe, os Exus são subordinados a Ogum.

Sincretismo

Gêge	Nagô	Angola	Catolicismo
Gu	Ogum	Inkossi/Mucumbe	Santo Antônio (BA)
			São Jorge (SP/RJ/PA)

Saudações

Ogum Yê, meu pai! (Salve o senhor da guerra) (3)
Patacorí Ogum

Fontes: 1 – SARACENI, Rubens. *Doutrina e Teologia de Umbanda Sagrada*. São Paulo: Madras Editora, 2003, p. 162.
2 – *Revista dos Orixás*. São Paulo: Editora Provenzano, 2000, p. 3.
3 – VIEIRA, Lurdes de Campos (coord); SARACENI, Rubens. *Manual Doutrinário, Ritualístico e Comportamental Umbandista*. São Paulo: Madras Editora, 2005, p. 72.

Pontos de Ogum

PONTOS DE FIRMEZA

79 (Angola) (Severino Sena)

→Lá no (alto) da pedreira ✓
→Tem Ogum a trabalhar ✓ } (bis)

↗Oxalá→ quem enviou ✓
→Pai Ogum para ajudar ✓ } (bis)

→Pai Ogum, ele é guerreiro ✓
→Pai Ogum vem trabalhar ✓

→Para os filhos de Umbanda ✓
→Que precisam de saravá ✓

↗Oxalá →quem enviou ✓
→Pai Ogum para ajudar ✓ } (bis)

80 (Nagô) (Pai José Valdivino)

↗Porque é que Ogum é (reei) ✓
→Nos campos dos Orixás, ✓

↗Comandando seu exército ✓
→No céu, na terra e no mar ✓ } (bis)

→Vamos, saravá, Ogum ✓
↗Ogum, vamos, saravá ✓

→Vamos, saravá, Ogum ✓
→ Ogum, vamos, saravá ✓

↗ Salve Ogum das Sete Estrelas ✓
↗ Sete Espadas e Sete Matas ✓

→ Saravá, seu Sete Mar ✓
↗ Saravá, Ogum Megeeê ✓
→Ogum, vamos, saravá ✓
↗Saravá, Ogum de Leeei ✓
→Ogum, vamos, saravá ✓
↗Saravá, Ogum Maleeei ✓
→Ogum, vamos, saravá ✓

PONTOS DE COROA

81 (Nagô)

→Se a sua es(pa)da é de ouro ✓
→Sua coroa é de rei... ✓ } (bis)

↗Ogum é tata na Umbanda
↗Seu canjira ✓ /mujango... Ogunhê ✓
→Ogum é tata na Umbanda
→Seu canjira ✓ /mujango.. ↘Ogunhê ✓

82 (Congo)

↗Ogum é (tata), é tata, é tata auê ✓
→Ogum é tata, é tata Ogum Megê ✓

↗Ogum é (tata), é tata, é tata auê ✓
→Ogum é tata, é tata Ogum Megê ✓

↗Fala, Ogunhê. Fala no moloquêô ✓
↗Fala. Ogunhê. Fala no moloquêô ✓

PONTOS DE CHAMADA

83 (Nagô)

→Pisa na linha de Um(ban)da ✓
→Que eu quero ver ✓
→Ogum Sete Ondas ✓
↗Pisa na linha de Umbanda
↗Que eu quero ver ✓
↗Ogum Beira-Mar ✓
↗Pisa na linha de Umbanda
↗Que eu quero ver, ✓
→Ogum Iara, Ogum Megê
→Seu canjira de Umbanda... auê ✓

84 (Ijexá)

→O(gum) está de ronda ✓ ⎫
→Ogum veio rondar ✓   ⎬ (bis)
                             ⎭

→Auê...auê... Rompe Mato ⎫
→E Ogum Megê ✓   ⎬ (bis)
                          ⎭

(podendo mudar os nomes)

→Auê...auá... Sete Lanças ⎫
→E Beira-Mar ✓   ⎬ (bis)
                           ⎭

85 (Angola)

→Ogum de (lei) quem manda é Zambi ✓
→Ogum de lei quem manda é Zambi ✓
→Corre corre toda gira ✓ corre corre toda gira ✓
→Pra salvar filhos de Umbanda ✓
→Já foi o ↗sol ✓ Já veio a lua, ele vem girar ✓
→Ele vem girar na linha de umbanda, ele vem girar ✓
→Ele vem girar ✓ ele vem girar ✓
→Ele vem girar ✓ ele vem girar ✓

86 (Nagô)

→Ban(dei)ra linda de Ogum ✓   ⎫
→Que está hasteada lá no Humaitá ✓⎬ (bis)
                                  ⎭

↗Vem cá, vem cá, general da Umbanda ✓ ⎫
                                       ⎬ (bis)
↗Ogum vence demandas em qualquer lugar ✓⎭

PONTOS DE DEMANDA

87 (Barravento)
→Ogum corta o (pau), serra madeira ✓
→Ogum corta o pau, serra madeira ✓
→Ê ê ê, serra madeira ✓
→Ê ê ê, serra madeira ✓

88 (Barravento)
→Ogum ta no (pau), serra madeira ✓
→Ogum ta no pau, serra madeira ✓
→Ogum tá no paau, serra, senhor ✓
→Ogum tá no paau, serra, senhor ✓

89 (Nagô) (Severino Sena)
→Ogum lim(pou).. ✓ .
→Ogum levou ✓
    (bis)

→Levou pras ondas do mar ✓
→Pra Iemanjá descarregar ✓
    (bis)

90 (Nagô)
→Oi, leva, leva O(gum) ✓
→Leva pras ondas do mar ✓
↗Se as ondas estiverem fechadas ✓
→Oi, leva lá pra Marambaia ✓

PONTOS DE SUSTENTAÇÃO

91 (Angola)
↗Beira-Mar, eu (sou) ✓
↗Beira-Mar, (sou)Eu ✓
    (bis)
    refrão

→Eu venho das sete ondas, ✓
→Das sete ondas do mar ✓
→Eu trabalho na areia, ✓
→Eu me chamo Beira-Mar ✓
    * refrão *
→Eu me chamo Beira-Mar ✓
→Venho em nome de Oxalá ✓
→É pisando na areia ✓
→Meus filhos, vou, saravá ✓
→É quebrando a mironga ✓
→E levando para o mar.... ✓
    * refrão*

92 (Nagô)
→Ogum guerreiro de Um(ban)da ✓
→Seu ponto veio afirmar ✓
'→ Ogum, guerreiro de Umbanda ✓
→Seu ponto veio afirmar ✓

→Ele pede ao sol e à lua Parango ✓
→ Para lhe ajudar ✓
→Ele pede ao sol e à lua Parango ✓
→Para lhe ajudar ✓
→ Se a coroa de ouro é mariôôôôôô ✓
→ Se a coroa de ouro é mariôô
→ Diz Ogum é táta, é táta
→ E a coroa de ouro é mariô ✓
→Diz Ogum é táta, é táta
→E a coroa de ouro é mariô ✓

PONTOS DE DEMANDA

93 (Angola)

→Ogum/meu(Pai,) ✓

→Quem é da linha de Umbanda não cai-↗Ogum ✓

→Ogum ↗Ogum meu pai ✓

→Quem é da linha de Umbanda não cai ✓

→Firma ponto no terreiro ✓   →Firma ponto, meu irmão ✓   } (bis)

↗Quem é da linha de Umbanda ✓ →Tem sempre a pemba na mão ✓

↗ Ogum

PONTOS DE SUBIDA

94 (Congo de Ouro)

→Meu pai O(gum)

→Deus lhe dê boa viagem ✓

→Nossa senhora te leve

→Na primeira carruagem ✓

→Seu_____

→Deus lhe dê boa viagem ✓

→Nossa Senhora te leve

→Na primeira carruagem ✓

95 (Congo de Ouro)

↗ Selei, se(lei) seu cavalo, selei ✓

↗ Selei, selei seu cavalo, selei ✓

→ Pai Ogum já vai se embora, seu cavalo selei ✓

→ Pai Ogum já vai se embora, seu cavalo sel*ei* ✓

→Chefe da guarda mandou avisar ✓

→Seu cavalo está pronto

→Pro senhor viaj*ar* ✓

→Mas como é lindo no clarão da lua ✓

→O cavalo branco com a imagem sua ✓

→Mas como é lindo no clarão da lua ✓

→O cavalo branco com a imagem s*ua* ✓

96 (Angola)

→Mandei se(lar) seu ca*va*lo ✓

→Para Ogum viaj*ar*... ✓   } (bis)

→Vai pra *ca*sa de Nossa Se*nho*ra da Glória, ele vai ✓

↘ Mas torna a vol*tar* ✓   } (bis)

Xangô

Orixá da justiça, é o fogo que nos purifica, é o senhor das pedreiras e dos trovões.

Tem a qualidade equilibradora e a transmite a tudo e a todos; quem absorvê-la torna-se racional, ajuizado e ótimo equilibrador, tanto dos que vivem à sua volta como do próprio meio em que vive. Um juiz é um exemplo bem característico dessa qualidade equilibradora irradiada por Xangô.

Xangô é miticamente um rei, alguém que cuida da administração do poder e principalmente da justiça.

Essa imagem de comportamento faz Xangô ser identificado, no mundo material, com a firmeza da rocha e fogo divino que forja essa mesma rocha, sendo, portanto, a pedra e o fogo seus elementos.

Com isso explicado, podemos entender a importância que tem essa qualidade divina, que, na Umbanda, vemos nos procedimentos retos, justos e ajuizados dos Caboclos de Xangô. Por isso, quando evocamos a presença dele, só o fazemos se for para devolver o equilíbrio e a razão aos seres e aos procedimentos emocionados desequilibrados ou para clamar pela Justiça Divina, que atuará em nossa vida, anulando demandas cármicas, magias negras, etc., devolvendo-nos a paz, a harmonia e o equilíbrio mental, emocional, racional e até a saúde, pois, para estarmos saudáveis, devemos estar em equilíbrio vibratório também no corpo físico.

Sincretismo

Gêge	Nagô	Angola	Catolicismo
Envioso	Xangô	Zazê	São Jerônimo
			São João Batista

Saudações

Kaô Kabecilê! (Permita-me vê-lo, majestade)

Fontes: 1 – SARACENI, Rubens. *Doutrina e Teologia de Umbanda Sagrada*. São Paulo: Madras Editora, 2003, p. 158.
2 – *Revista dos Orixás*. São Paulo: Editora Provenzano, 2000, p. 3.
3 – VIERA, Lurdes de Campos (coord); SARACENI, Rubens. *Manual Doutrinário, Ritualístico e Comportamental Umbandista*. São Paulo: Madras Editora, 2005, p. 72.

Pontos de Xangô

PONTOS DE FIRMEZA

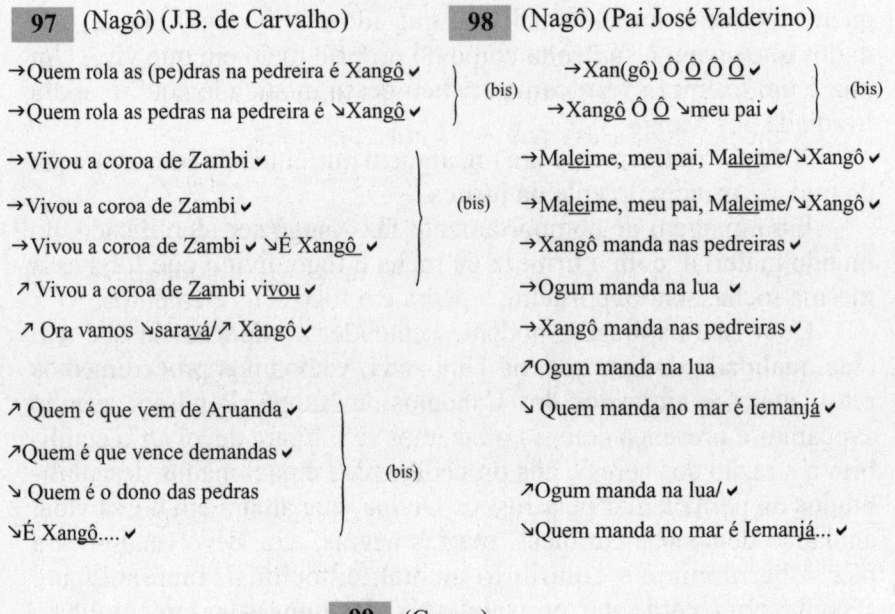

97 (Nagô) (J.B. de Carvalho)

→Quem rola as (pe)dras na pedreira é Xangô ✓
→Quem rola as pedras na pedreira é ↘Xangô ✓ } (bis)

→Vivou a coroa de Zambi ✓
→Vivou a coroa de Zambi ✓ (bis)
→Vivou a coroa de Zambi ✓ ↘É Xangô ✓
↗ Vivou a coroa de Zambi vivou ✓
↗ Ora vamos ↘saravá/↗ Xangô ✓

↗ Quem é que vem de Aruanda ✓
↗Quem é que vence demandas ✓
↘ Quem é o dono das pedras (bis)
↘É Xangô.... ✓

98 (Nagô) (Pai José Valdevino)

→Xan(gô) Ô Ô Ô Ô ✓
→Xangô Ô Ô ↘meu pai ✓ } (bis)

→Maleime, meu pai, Maleime/↘Xangô ✓
→Maleime, meu pai, Maleime/↘Xangô ✓
→Xangô manda nas pedreiras ✓
→Ogum manda na lua ✓
→Xangô manda nas pedreiras ✓
↗Ogum manda na lua

↘ Quem manda no mar é Iemanjá ✓

↗Ogum manda na lua/ ✓
↘Quem manda no mar é Iemanjá... ✓

99 (Congo)

→Relampe(ou), tremeu a terra ✓
→Meu Pai Xangô ✓ →No alto da serra ✓ } (bis)
→Meu Pai Xangô ↗ô, meu pai Xangô ↘ô ✓
→Venha salvar os seus filhos aqui na terra ✓ } (bis)

PONTOS DE COROA

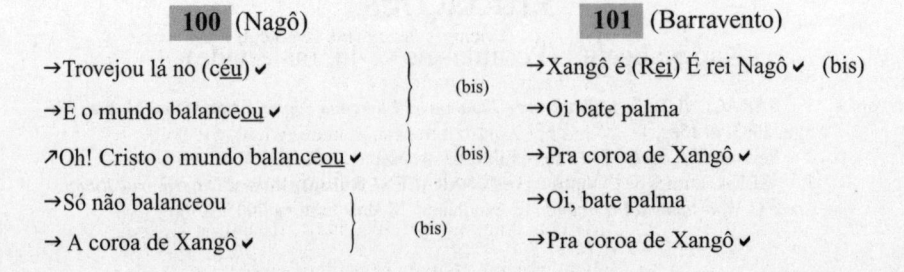

100 (Nagô)

→Trovejou lá no (céu) ✓
→E o mundo balanceou ✓ } (bis)
↗Oh! Cristo o mundo balanceou ✓ (bis)
→Só não balanceou
→ A coroa de Xangô ✓ } (bis)

101 (Barravento)

→Xangô é (Rei) É rei Nagô ✓ (bis)
→Oi bate palma
→Pra coroa de Xangô ✓
→Oi, bate palma
→Pra coroa de Xangô ✓

PONTO DE SAUDAÇÃO

→ (cantar quando Xangô estiver em terra)

102 (Ijexá) (Pai José Valdevino)

→Xangô é (pai), ✔ é filho de Obatalá ✔
→Xangô é rei, ✔ é o senhor de Yorubá ✔
→Xangô é (pai), ✔ é filho de Obatalá ✔
→Xangô é rei, ✔ é o senhor de Yorubá ✔

↗Ele é um raio, ✔ um corisco ✔
↗Um relâmpago, é um trovão ✔
→Tira fogo da pedra
→Pra brilhar na escuridão ✔ } (bis)

103 (Ijexá) (J.B. de Carvalho)

→Quando a lua apare(céu) ✔
→O Leão/na mata roncou ✔
→A passarada estremeceu ✔
↗Olha cobra coral
↗Piou,→ piou, piou, ↘piou ✔
→Olha a coral piou ✔
→Saravá, nosso povo de Umbanda ✔
→Pois chegou nosso rei de Aruanda ✔
→Saravá, nosso pai Xangô ✔ } (bis)

PONTOS DE CHAMADA

104 (Nagô) (Pai José Valdevino)

→Lá(vem), lá vem Xangô ✔
→Lá(vem), lá vem Xangô ✔ } (bis)

↗Na coroa de lei, Xangô é rei ✔
↗Na coroa de lei, Xangô é rei ✔

→Ô oo,ooooooo ↙ôôôôôôô.... ✔ (bis)

105 (Nagô)

→Lá vem Xan(gô) ✔
→Vem descendo a serra ✔
→Ele vem beirando o mar... ✔ } (bis)

→ Ele deixou sua pedreira lá no alto ✔
→Kaô Kabecilê ✔
→ Ele deixou sua pedreira lá no alto ✔
→Kaô Kabecilê ✔

106 (Ijexá)

→Os anjos (to)cam seus clarins lá no céu ✔
↗Anunciando o alvorecer ✔ } (bis)

↗Meu pai Xangô que desceu lá de Aruanda ✔
→Vem na Umbanda pra seus filhos proteger ✔
↗Meu pai Xangô que desceu lá de Aruanda ✔
→Vem na Umbanda pra seus filhos proteger ✔

PONTO DE SUSTENTAÇÃO

107 (Congo de Ouro)

→Relampe(ou,) ✔ já trovejou ✔
→Meu pai Xangô, que veio, saravá ✔
→ Relampeou, ✔ já trovejou ✔
→ Meu pai Xangô, que veio, saravá ✔
→Oi, saravá ✔ Xangô de lei ✔
→Kaô kabecilê, Kaô kabecilê ✔
→Oi, saravá ✔ Xangô de lei ✔
→Kaô kabecilê, Kaô kabecilê ✔

108 (Angola)

→Bamba aru(ê) ✔
→A terra é da jurema ✔
→O leão vem lá das matas ✔
→O seu grito é muito forte ✔
→Seu machado tem bom corte ✔
→E o meu Rei é Xangô... ✔

109 (Nagô)

→O le(ão) roncou nas matas ✔ E a pedreira estremeceu ✔
→O leão roncou nas matas ✔ E a pedreira estremeceu ✔
↗Xangô↘ meu pai, ↗Xangô ✔ Venha salvar os filhos seus ✔
↗Xangô↘ meu pai, ↗Xangô ✔ Venha salvar os filhos seus ✔
→Quando eu nasci, ✔ Uma estrela me iluminou ✔
→Quando eu nasci, ✔ Uma estrela me iluminou ✔
↗E meu pai me avisou ✔ Que seu filho é Xangô ✔
→E meu pai me avisou ✔ Que seu filho é ↘ Xangô ✔

FORTALECIMENTO DE JUSTIÇA

110 (Ijexá)

→Xan(gô) morreu com a idade ✔ Morreu escrevendo em uma pedra ✔
→ Xangô morreu com a idade ✔ Morreu escrevendo em uma pedra ✔
↗Ele escreveu a justiça/ ✔ →Quem deve paga ✔ Quem merece recebe ✔
↗Ele escreveu a justiça/ ✔ →Quem deve paga ✔ Quem merece recebe ✔

PONTO DE SUBIDA

111 (Congo de Ouro)

→Mais um a(deus), aleluia, adeus ✓

→Mais um adeus, aleluia, adeus ✓

→Vou pra Aruanda

→Quem vai se embora sou eu ✓

→Vou pra Aruanda

→Quem vai se embora sou eu ✓

↗Eu já vou, já vou ✓
↗Eu já vou pra lá
↗Oxalá me chama ✓ (bis)
→Eu já vou-me retirar ✓

112 (Angola) (Miro de Xangô)

→Xan(gô,) é chegada a hora ✓

→Xangô, ele vai embora ✓

→Xangô, é chegada a hora ✓

→ Xangô, ele vai embora ✓

→ O leão na pedreira roncou ✓

↗Xangô vai embora ✓

→ Que a aruanda lhe chamou ✓

→ O leão na pedreira roncou ✓

↗Xangô vai embora ✓

→Que a aruanda lhe chamou ✓

> Também pode usar para chamada, é só inverter o sentido do ponto.

113 (Nagô)

→Xan(gô) vamos se embora

→Que a maré já assoviou ✓

→No reinado de Iemanjá/ ✓

→Esta batendo angolô ✓

114 (Barravento)

→Se ele é Xan(gô,) ele vai girar ✓

→Se ele é Xangô, ele vai girar ✓

→Se ele é Xangô, ele vai girar ✓

→Se ele é Xangô, ele vai girar ✓

↗Ele vai girar, ✓ ele vai girar ✓
↗Ele vai girar, meu pai Xangô ✓ (bis)
→Ele vai girar ✓

Oxumarê*

Oxumarê é o Trono de Deus que se polariza com Oxum na Coroa Planetária.

O divino Trono da Renovação da Vida é a divindade unigênita de Deus, que é em si mesmo o Orixá que tanto dilui as causas dos desequilíbrios quanto gera a partir de si as condições ideais para que tudo seja renovado, já em equilíbrio e harmonia. Ele é o próprio mistério renovador e diluidor do Criador.

Oxumarê, tal como revela a lenda dos Orixás, é a renovação contínua, em todos os aspectos e sentidos da vida de um ser. Sua identificação com Dan, a Serpente do Arco-Íris, não aconteceu por acaso, pois Oxumarê irradia as sete cores que caracterizam as sete irradiações divinas que dão origem às Sete Linhas da Umbanda. E ele atua nas sete irradiações como elemento renovador.

Oxumarê está na linha da fé como elemento renovador da religiosidade dos seres. Ele está na linha da concepção como renovador do amor e da sexualidade da vida dos seres. Está na linha do conhecimento como renovador dos conceitos, das teorias e dos fundamentos. Está na linha da justiça como renovador dos juízos. Oxumarê está na linha da lei como renovador das ordenações que acontecem de tempos em tempos. Ele está na linha da evolução como renovador das doutrinas religiosas, que aperfeiçoam o saber e aceleram a evolução dos seres. Está na linha da geração como a renovação ou como o próprio reencarne, que acontece quando um espírito troca a pele, tal como faz Dan, a Serpente Encantada do Arco-Íris.

Sincretismo

Gêge	Nagô	Angola	Catolicismo
Dan/Bessen	Oxumarê	Angoromea	São Bartolomeu

Saudações

Arroboboi! (Senhor das Águas Supremas) (3)
Ru Boboi Dan!
Roboboia

Fontes: 1 – SARACENI, Rubens. *Doutrina e Teologia de Umbanda Sagrada*. São Paulo: Madras Editora, 2003, p. 152.
2 – *Revista dos Orixás*. São Paulo: Editora Provenzano, 2000, p. 3.
3 – VIEIRA, Lurdes de Campos (coord); SARACENI, Rubens. *Manual Doutrinário, Ritualístico e Comportamental Umbandista*. São Paulo: Madras Editora, 2005, p. 72.

*N.E.: Sugerimos a leitura de *Oxumarê – O Arco-Íris Sagrado*, de Lurdes de Campos Vieira, Madras Editora.

Pontos de Oxumarê

SETE LINHAS PARA OXUMARÊ
115 (Nagô e Ijexá)

→A(bri)mos a nossa gira ✓ pedimos com ↘ devoção ✓ (bis)

↗ Ao nosso pai Oxalá ✓ para cumprir a↘ nossa missão ✓ (bis)

↗ No céu / ✓ uma estrela brilha ✓ ‡ brilhou, brilhou tão linda ✓

→Saravá / ✓ saravá, mãe Iansã ✓ Saravá, Xangô e Oxalá ✓ (bis)

↓Salve o congá de Oxóssi ✓ Salve o congá da Jurema ✓

→Saravá ao rei das matas ✓ onde canta a↗ Siriema.../ ✓

↓Saravá, Oxumarê / ✓ pai Ogum no Humaitá ✓
→ Ibegi lá no jardim / ✓ Mãe Oxum ↗Iemanjá. ✓ } (bis)

→Nanã, ✓ oh, Nanã ✓ saravá, saravá, a rainha sereia das ondas do↗ mar. ✓

→Nanã, ✓ oh, Nanã ✓ saravá, saravá, a rainha sereia das ondas do mar ✓

→Saravá, saravá, a rainha sereia das ondas do mar ✓

→Saravá, saravá, a rainha sereia das ondas do mar ✓

FIRMEZA DA LINHA
116 (Nagô)

→Choveu no (céu,) ✓ e o sol brilhou, ✓ um arco-íris apareceu ✓

→Anunciando que Oxumarê, ✓ abençoava os filhos seus ✓

↗Sete cores ✓ tem o arco-íris, ✓ sete pedidos ✓ você faça com ↗fé ✓

→E quando alcançar o que↗ pediu... ✓

→Vai ao mar e vai ao rio agradecer a Oxumarê ✓

→Vai ao mar e vai ao rio agradecer a Oxumarê ✓

COROA
117 (Angola)

↗Clare(ou,) ↘clareoou, ✓ ↗ clareou e tornou↘ clareaar

↗Clareou, ↘clareoou, ✓ ↗ clareou e tornou↘ clareaar

↗O arco-íris está no terreiro, ✓ ↗ Oxumarê é que está no congá ✓

↗O arco-íris está no terreiro, ✓ ↗ Oxumarê é que está no congá ✓

CHAMADA

118 (Nagô)

↗Oxuma(rê), ↘ meu pai, ↗ vem de Aruanda ✓

↗Oxumarê, ↘ meu pai, ↗ vem me ajudar ✓

↗Oxumarê, ↘ meu pai, ↗ vem de Aruanda ✓

↗Oxumarê, ↘ meu pai, ↗ vem me ajudar ✓

→Eu vou↗ ficar com a minha devoção, ✓

→De pai↘ Oxumarê/receber sua ↗ bênção ✓

→Eu vou↗ ficar com a minha devoção, ✓

→De pai↘ Oxumarê/receber sua ↘ bênção ✓

119 (Angola)

→Um arco-(íris), / ✓ no céu, eu vi brilhar ✓

→O céu brilhante/deu lembranças de Oxalá ✓

↗Oxumarê, meu pai, vem trabalhar ✓

↗Ele vem de muito longe,

↘Pros seus filhos amparar ↘ ✓

↗Ele vem de muito longe,

↘Pros seus filhos amparar ↘ ✓

SUSTENTAÇÃO

120 (Barravento)

↗Auê, au(ê,) seu arco-íris ✓

↗Auê, auê, seu arco-íris ✓

↗Oxumarê é quem comanda a gira

↘Auê, auê/seu arco-íris ✓

↗Oxumarê é quem comanda a gira

↘Auê, auê/seu arco-íris ✓

121 (Nagô)

→Oxuma(rê) está no reino↘ ✓

→Oxumarê é Orixá↗ ✓

→Oxumarê está no reino↘ ✓

→Oxumarê é Orixá↗ ✓

↗Olha seus filhos que pedem meu ↘pai ✓

→Amor e paz neste ↘congá ✓

↗Olha seus filhos que pedem meu pai↘ ✓

→Amor e paz neste↘ congá ✓

SAUDAÇÃO

122 (Nagô) (Severino Sena)

→O sol (brilh<u>ou</u>) no c<u>é</u>u ✔ o arco-íris, ✔ no ↘m<u>a</u>r ✔

→O sol brilh<u>ou</u> no c<u>é</u>u ✔ o arco-íris, no ↘m<u>a</u>r ✔

↗Oh, sol brilhante ✔ oh, sol fecundo ✔

→Oxumarê é que está no cong<u>á</u> ↗

↗Oh, sol brilhante ✔ oh, sol fe<u>cu</u>ndo ✔

→Oxuma<u>rê</u> é que está no cong<u>á</u> ✔ ↘

123 (Angola)

→Eu (vi) / ✔ a lua nasc<u>e</u>r ✔

↗Eu vi / ✔ o sol a brilh<u>a</u>r ✔

↗Eu vi / ✔ o arco-íris no c<u>é</u>u ✔

↘Eu vi / ✔ Oxumarê no cong<u>á</u> ✔

↗Eu vi / ✔ o arco-íris no c<u>é</u>u ✔

↘Eu vi / ✔ Oxumarê no cong<u>á</u> ✔

124 (Ijexá)

↗Oxuma(r<u>ê</u>) ✔ ↘meu p<u>ai</u>... ✔ ↗Oxumarê é meu ↘sen<u>ho</u>r ✔

↗Oxumarê ✔ ↘meu p<u>ai</u>... ✔ ↗Oxumarê é meu ↘sen<u>ho</u>r ✔

↓Oxumarê na casa sant<u>a</u> ✔ ↓Oxumarê arobob<u>oi</u> ✔ ↘

↓Oxumarê na casa sant<u>a</u> ✔ ↓Oxumarê arobob<u>oi</u> ✔ ↘

SUBIDA

125 (Nagô)

↗Oxuma(r<u>ê</u>) já me ajud<u>ou</u> ✔ ↗ Oxuma<u>rê</u>↘ já me↘ abenço<u>ou</u> ✔ (bis)

↗Filhos de p<u>e</u>mba↗ ✔ por que tanto choram? ✔

↗É Oxumarê ✔ / marê/que já vai emb<u>ora</u>...! ✔

↗Filhos de p<u>e</u>mba ✔ por que tanto <u>cho</u>ram? ✔

↗É Oxumarê ✔ / marê / que já vai embora...! ✔

Obaluaê

Obaluaê é o Orixá que atua na evolução, e seu campo preferencial é aquele que sinaliza as passagens de um nível vibratório ou estágio da evolução para outro.

Obaluaê está em todas as outras qualidades divinas, como a estabilidade ou a eternidade de cada uma delas e como a mobilidade ou atuação delas em tudo o que existe.

Na Umbanda, Obaluaê é evocado como Senhor das Almas, dos meios aceleradores da evolução delas, e todos sentem uma calma e um bem-estar incrível quando um ser natural de Obaluaê baixa em um médium e gira no templo, pois ele traz em si a estabilidade, a calmaria, mas também traz a vontade de avançar, de seguir adiante.

Obaluaê é também um Orixá Curador. E a Linha das Almas ou Correntes dos Pretos-Velhos é regida por ele, o qual podemos vislumbrar quando conversamos com os espíritos dessa corrente. Estes nos transmitem paz, confiança e esperança, e, quando os deixamos, após consultá-los, temos a impressão de que tudo se transformou e nos sentimos bem.

Obaluaê é o "Senhor das Passagens" de um plano para outro, de uma dimensão para outra, e mesmo do espírito para a carne e vice-versa.

É o mistério Obaluaê que reduz o corpo plasmático do espírito até que fique do tamanho do corpo carnal alojado no útero materno. Nessa redução, o espírito assume todas as características e feições do seu novo corpo carnal, já formado.

Esperamos que os umbandistas deixem de temê-lo e passem a amá-lo e adorá-lo pelo que realmente ele é, "um Trono Divino", que cuida da evolução dos seres, das criaturas e das espécies, e esqueçam as abstrações dos que se apegaram a alguns de seus aspectos negativos e os usam para assustar seus semelhantes.

Sincretismo

Gêge	Nagô	Angola	Catolicismo
Sapatá	Obaluaê	Kajanja/Kaviungo	São Lázaro/São Roque

Saudações

Atô tô Ajuberô! (2)
Atô tô (Silêncio)

Fontes: 1 – SARACENI, Rubens. *Doutrina e Teologia de Umbanda Sagrada*. São Paulo: Madras Editora, 2003, p. 166.
2 – *Revista dos Orixás*. São Paulo: Editora Provenzano, 2000, p. 3;10.

Pontos de Obaluaê

FIRMEZA
126 (Ijexá)
(parte da música de Vinícius de Moraes)

↗Meu pai Oxa(lá) é o rei, venha me val<u>er</u> ↘ ✓ (bis)

→O velho Omolu atôtô Balu<u>aê</u> ↘ ✓

→O velho Omolu atôtô Balu<u>aê</u> ↘ ✓

↗Atôtô Balu<u>aê</u>, atôtô B<u>a</u>b<u>á</u> ✓

↗Atôtô Balu<u>aê</u>, atôtô é Orix<u>á</u> ↘ ✓

↗Atôtô Balu<u>aê</u>, atôtô B<u>a</u>b<u>á</u> ✓

↗Atôtô Balu<u>aê</u>, atôtô é Orix<u>á</u> ↘

CHAMADA
127 (Angola)

↗Vem, vem, (vem), meu padim Balu<u>aê</u>! ✓

↘Venha nesta casa, venha aqui pra nos benz<u>er</u> ✓

↗Vem, vem, vem, meu padim Balu<u>aê</u>! ✓

↘Venha nesta casa, venha aqui pra nos benz<u>er</u>! ✓

⤳ Ele tira quebranto ✓ ↙ tira as enqui<u>ziras</u> ✓ ⎫
↗Ele tira doença e até feitiçar<u>ia</u>... ✓   ⎬ Bis
                                                    ⎭

→Com pip<u>o</u>ca com azeite de dend<u>ê</u> ✓

↗Nos traz a proteção ✓ meu padim Balu<u>aê</u> ✓

→Com pip<u>o</u>ca com azeite de dend<u>ê</u> ✓

↗Nos traz a proteção ✓ meu padim Balu<u>aê</u> ✓

COROA
127-A (Ijexá)

→ Obalu(aê) ê ê <u>ê</u> ✓

→ Obaluaê ê ê <u>a</u> ✓

↗ Obaluaê é no fundo do <u>mar</u> ✓   ⎫
→ Arranque a raiz pra seus filhos cu<u>rar</u> ✓ ⎬ (bis)
                                          ⎭

SUSTENTAÇÃO
128 (Ijexá)

→ Oh/como é (lindo) este jar<u>dim</u> ✓   ⎫
→ Com estas lindas ↗flores em buqu<u>ê</u> ✓ ⎬ Bis
→ Ofertadas/ de todo ↗cora<u>ção</u> ✓   ⎪
↙ Ao velho Obaluaê ✓   ⎭

↗ As flores do meu velho ✓   ⎫
↙ Atôtô, meu pai ✓   ⎪
↗ São lindas e cheirosas ✓   ⎪
↙ Atôtô, meu pai ✓   ⎬ (Bis)
↗ As flores do meu velho ✓   ⎪
↙ Atôtô, meu pai ✓   ⎪
↗ Também são milagrosas ✓   ⎪
↙ Atôtô, meu pai ✓   ⎭

SUSTENTAÇÃO

129 (Nagô)

↗ Quem vê um (velho) no caminho
→ Oi, pede a ↘ bênção, ✓
→ Pede a ↗ bênção ✓
↗ Quem vê um velho no caminho ✓
→ Oi, pede a ↘ bênção ✓
→ Pede a ↗ bênçãão ✓
→ A bênção, Baluaê ↘ ee ✓
↗ Deus te abençoe ✓
→ A bênção, Baluaê ↘ ee ✓
↗ Deus te abençoe ✓

130 (Nagô)

→Obaluaê / ✓ eu (sou), / eu sou eu sou Nagô
→Obaluaê / ✓ eu sou, / eu sou eu sou Nagô
→Eu sou Nagô, eu sou curador ✓
→Tiro feitiço de quem te mandou ✓
→Eu sou Nagô, eu sou curador ✓
→Tiro feitiço de quem te mandou ✓

131 (Ijexá)

→Deus da (peste), Deus da lepra ✓
↗Meu (Deus) seja louvado ✓

→Me dê agô/agô denã ✓
→Obaluaê seja adorado ✓

→Me dê agô/agô denã ✓
→Obaluaê seja adorado ✓

132 (Ijexá)

→Obalu(aê) pequenininho ✓
→Obalu(aê) pequenininho ✓
↘Ele é um santo menino ✓
↗Levanta quem está doente ✓
↘Acorda quem está dormindo ✓
↗Levanta quem está doente ✓
↘Acorda quem está dormindo ✓

133 (Nagô)

→Na linha de Obaluaê Omu(lu) atôtô Orixá ✓
→Na linha Obaluaê, vamos todos, saravá ✓
↗Valei-me esta corrente de forças ✓
↗E o nosso Pai Oxalá ✓
↗É na linha/de Umbanda/
→Que Omolu, vamos, saravá ✓
↗É na linha/de Umbanda/
→ Que Omolu, vamos, saravá ✓
→Obaluaê, êe, êe ✓
→Obaluaê êa, êa ✓
↗É na linha/de Umbanda/
→Que Omolu, vamos, saravá ✓ } (bis)

Omulu

Deus tanto cria e gera quanto paralisa a criação que não mais atende aos Seus desígnios e à Sua vontade.

E aí surge Omulu, divindade unigênita, gerada nessa qualidade de Olorum, que o tornou em si mesmo esse seu recurso paralisador de toda a criação ou geração desvirtuada.

Omulu é o Orixá que rege a morte ou o instante da passagem do plano material para o espiritual (desencarne).

Se Omulu rege o "cemitério" e os espíritos dos "mortos", é porque esses espíritos atentaram contra a vida ou algum dos seus sentidos. Logo, só deve temê-lo quem assim proceder, pois aí, queira ou não, será alcançado por sua irradiação paralisadora que atuará sobre seu magnetismo e o enviará a um meio onde só seus afins desequilibrados vivem.

A cada um segundo seu merecimento, é o que diz a lei. Lá o mistério Omulu aplica esse princípio em seu aspecto negativo e o define assim: "A cada um, segundo seus atos; se positivos, que sejam conduzidos à luz da vida, mas, se negativos, que sejam arrastados para os sombrios domínios da morte dos sentidos e dos sentimentos desvirtuados da vida".

Omulu é o guardião divino dos espíritos caídos.

O Orixá Omulu guarda para Olorum todos os espíritos que fraquejaram durante sua jornada carnal e entregaram-se aos seus vícios emocionais. Mas ele não pune ou castiga ninguém, pois essas ações são atributos da lei divina.

Sincretismo

Gêge	Nagô	Angola	Catolicismo
Poligobi	Xapanã/Omulu	Kafungegi	São Lázaro

Saudações

Atôtô, meu senhor! (Peço quietude, meu pai.)

Fontes: 1 – SARACENI, Rubens. *Doutrina e Teologia de Umbanda Sagrada*, Madras Editora, 2003, p. 171.
2 – *Revista dos Orixás*. São Paulo: Editora Provenzano, 2000, p. 3.
3 – VIEIRA, Lurdes de Campos (coord.); SARACENI, Rubens. *Manual Doutrinário, Ritualístico e Comportamental Umbandista*. São Paulo: Madras Editora, 2005, p. 72.

Pontos de Omulu
Sustentação

134 (Ijexá)

↗Sambuê ere ✓ samba é (pô)po de monã ↘ã ✓ ⎫
→Sambuê ere ✓ samba é popo de monã ↘ã ✓ ⎬ (bis)
⎭

→Sambuê, velho Omulu ✓ ↘ samba é popo de mona ã ✓

→Sambuê, Baluaê ✓ ↘ samba é popo de mona ã ✓

↗Sambuê ere samba é popo de mona↘ã ✓ ⎫
→Sambuê ere ✓ samba é popo de mona ↘ã ✓ ⎬ (bis)
⎭

→Sambuê, seu bexiguento ✓ samba é popo de monã↘ã ✓

→Sambuê, seu cocerento ✓ samba é popo de mona↘ã ✓

135 (Barravento)

→Quem é o dono do (baú) ✓ é o velho Omulu ✓

→Quem é o dono do báu ✓ é o velho Omulu ✓

→Ele é pintassilgo ✓ mora na pedra furada ✓

→Ele é pintassilgo ✓ mora na pedra furada ✓

↗Seu Omuluê ê ✓ ↗seu Omuluê ê ✓ ↗seu Omuluê/→ Omolu é Orixá ✓ ⎫
↗Seu Omuluê ê ✓ ↗seu Omuluê ê ✓ ↗ seu Omuluê/→Omulu é Orixá ✓ ⎬ (bis)
→Saravá, seu Omolu ✓ ↗Omuluê ê ✓ →saravá, seu Omulu ✓ ↘ Omolu é Orixá ✓ ⎪
→Saravá, seu Omulu ✓ ↗ Omuluê ê ✓ → saravá, seu Omulu ✓ ↘Omulu é Orixá ✓ ⎭

136 (Nagô) CHAMADA

→O velho Omu(lu) vem caminhando devagar ✓

→O velho Omulu vem caminhando devagar ✓

→Apoiado em seu cajado ✓ ele vem nos ajudar ✓

→Apoiado em seu cajado ✓ ele vem nos ajudar ✓

→Omulu é dono da terra ✓ Atôtô Obaluaê ✓

→Omulu é dono da terra ✓ Atôtô Obaluaê ✓

SUSTENTAÇÃO

137 (Barravento)

→ Auê (auê), seu Cafu<u>nã</u> ✓

→ Auê, auê, seu Cafu<u>nã</u> ✓

⇢Seu Omolu é quem comanda a gira

→ Auê, auê, seu Cafu<u>nã</u> ↘

⇢Seu Omolu é quem comanda a gira

→ Auê, auê, seu Cafu<u>nã</u> ↘ ✓

138 (Barravento)

→Ba(lu<u>aê)</u>, Baluaê ✓

→Olha a barca Omolu

→ Olha a Barca Lo<u>deô</u> ✓

→Balu<u>aê</u>, Baluaê ✓

→Olha a barca Omolu

→ Olha a barca Lo<u>deô</u> ✓

SUBIDA

139 (Nagô)

→Oh, laran(jeira) que brota a <u>flor</u> ✓

→Oh, laranjeira que seca e cai ✓

→Oh, laranjeira que brota a flor ✓

→Oh, laranjeira que seca e cai ✓

→Os olhos que ti (ver) <u>hoje</u> ✓

↘Amanhã não ti (ver) <u>mais</u> ✓

→Os olhos que ti (ver) <u>hoje</u> ✓

↘Amanhã não ti (ver) m<u>ais</u> ✓

140 (Nagô)

↗Obalu(aê), ↘meu pai ↗vai pra Aruanda ✓

↗Obaluaê, ↘meu pai deixa sau<u>dades</u> ✓

↗Obaluaê, ↘meu pai↗vai pra Aruanda ✓

↗Obaluaê, ↘ meu pai deixa saudades ✓

⇢ Eu vou ↗fi<u>car</u> com a minha devo<u>ção</u> ✓

⇢ De Obaluaê/o amor no↗ cora<u>ção</u> ✓

⇢ Eu vou ↗fi<u>car</u> com a minha devo<u>ção</u> ✓

⇢ De Obaluaê/o amor no cora<u>ção</u> ✓

Iemanjá

A lenda diz que Iemanjá é tida como a mãe de todos os Orixás, e esta está relativamente certa, já que, se algo existe, é porque foi gerado. E, porque Iemanjá é em si mesma essa qualidade geradora do divino Criador, então ela está na origem de todas as divindades.

Mas as coisas de Deus não acontecem assim, e Ele, quando começou a gerar, já havia ordenado sua geração. Então, Ogum já existia e ordenava a geração de Iemanjá. Oxum já existia e agregava o que ela estava gerando, etc.

Bem, o caso é que Iemanjá é a "Mãe da Vida" e, como tudo o que existe, só existe porque foi gerada, então ela está na geração de tudo o que existe.

O amor maternal é uma característica marcante dessa divindade da geração, e quem se coloca de forma reta sob sua irradiação logo começa a vibrar esse amor maternal, que aflora e se manifesta com intensidade.

Iemanjá, por ser em si a geração, está na gênese de tudo, como os próprios processos genéticos. E, se Oxum agrega ou funde o espermatozoide e o óvulo, Iemanjá é o processo genético que inicia a multiplicação celular, ordenada por Ogum, comandada por Oxóssi, direcionada por Iansã, equilibrada por Xangô, estabilizada por Obaluaê e cristalizada em um novo ser por Oxalá.

Viram como um Orixá não dispensa a atuação dos outros e como todos são fundamentais e indispensáveis a tudo o que existe? Aqui eu peço que relembrem o início dos nossos comentários sobre a explicação dos pontos, em que dizíamos que, na verdade, não existe ponto cruzado, mas sim que o Ogã, cantando pontos mencionando diversas entidades ou Orixás, na verdade, só estava pedindo ajuda, axé, dos diversos poderes divinos, e não cruzando nada.

Sincretismo

Gêge	Nagô	Angola	Catolicismo
Lissa/Aboto	Iemanjá	Kaitumba	Nossa Senhora dos Navegantes
			Nossa Senhora das Candeias

Saudações

Odoiá, minha mãe
Adoci-yaba! (Salve a Senhora das Águas.)

Fontes: 1 – SARACENI, Rubens. *Doutrina e Teologia de Umbanda Sagrada*. São Paulo: Madras Editora, 2003, p. 170.

2 – *Revista dos Orixás*. São Paulo: Editora Provenzano, 2000, p. 3.

3 – VIEIRA, Lurdes de Campos (coord). *Manual Doutrinário, Ritualístico e Comportamental Umbandista*. São Paulo: Madras Editora, 2005, p. 72.

Pontos de Iemanjá

FIRMEZA

141 (Nagô)

→Mãe (d'água), rainha das ondas
→Sereia do mar ✓
→Mãe-d'água, seu canto é bonito
→quando tem luar ✓
→Ie Iemanjá ie Iemanjá
→Rainha das ondas, sereia do mar ✓
→Rainha das ondas, sereia do mar ✓
→Como é lindo o canto de Iemanjá ✓
→(Faz na terra) o pescador chorar ✓
→Quem escuta Mãe-d'água cantar ✓
→Vai com ela pro fundo do mar ✓
→Vai com ela pro fundo do mar
↘ Iemanjá ✓

CORÔA

142 (Pai José Valdivino) (Ijexá)

→Quem fez o mundo foi (Deus), ✓ ↘que nos criou ✓
→Quem fez o mundo foi (Deus), ✓ ↘que nos criou ✓
↗Criou o céu, a terra e o mar ✓
→Criou a Mãe-d'água, ✓ nossa mãe Iemanjá ✓
↗Criou o céu, a terra e o mar ✓
→Criou a Mãe-d'água, ✓ nossa mãe Iemanjá ✓
→ Ela manda no céu, na terra e no mar ✓
↗ Nos rios/↗nas cachoeiras,/↗ nas matas ✓
→E lá nas ↘pedreiras, ✓
→Ela é Iabá, ✓ nossa mãe Iemanjá ✓
→Ela é Iabá, ✓ nossa mãe Iemanjá ✓

CHAMADA

143 (Congo)

→ Que canto (lindo) que vem lá do mar ✓
→Parece que as ondas estão a cantar ✓
→ Que canto lindo que vem lá do mar ✓
→Parece que as ondas estão a cantar ✓
↗Ie Iemanjá/→rainha das ondas
→A dona do mar ✓
↗Ie Iemanjá/→ rainha das ondas
→A dona do mar ✓

144 (Ijexá)

→Arreia (arreia), minhas caboclas, arreia ✓
→ É Iemanjá que já está na areia ✓
↗Arreia arreia, minhas caboclas, arreia ✓
→É Iemanjá que já está na areia ✓
↗Arreia na areia, ✓ arreia, minhas caboclas
→na areia ✓
↗Arreia na areia, ✓ arreia, minhas caboclas
→na areia ✓

SUSTENTAÇÃO

145 (Barravento) (Severino Sena)

→O céu (azul) e o mar sereno ✔
→É Iemanjá quem está regendo ✔   (bis)
→Está regendo sua coroa ✔

→É Iemanjá/quem está na proa ✔

→Iemanjá, rainha do mar ✔
→Sustenta o filho no seu↘ caminhar ✔
→Iemanjá, minha mãe sereia ✔
→Descarrega o filho na sua   (bis)
→Grande aldeia ✔

146 (Ijexá)

→Vamos, sara(vá), ✔ mãe Iemanjá ✔
→Vamos todos juntos ✔   (bis)
→Levar flores pro mar ✔

→É do mar, é do mar, é do maar ✔
→É do mar, minha mãe sereia ✔   (bis)
→Papai risca ponto na pedra ✔
→Mamãe risca ponto na areia ✔

147 (Barravento))

→Oh, (dá) me licença e ✔
↗ Oh, dá-me licença ✔

→Oh, dá-me licença e ✔
↗Oh, dá-me licença ✔

↗Alodê Iemanjá ê ✔
→Dá me licença ✔

↗Alodê Iemanjá ê ✔

→Dá me licença ✔

148 (Angola)

→Olhei pro (mar) ✔ vi uma estrela a brilhar ✔
→É mamãe sereia ✔ é a deusa do↘ mar ✔   (bis)

→Estrela↗ e estrela, a estrela brilha/e e a ✔
→Quem sai das águas vem beirando areia ✔
→É mamãe sereia ✔ a rainha do ↗mar ✔
→Quem sai das águas vem beirando areia ✔
→É mamãe sereia ✔ a rainha do↘ mar ✔
→Mulher bonita ✔ dos cabelos negros ✔
→Trás em seu olhar ✔ o encanto do luar ✔
→E lá na areia/ ✔ seus filhos a esperam ✔
→Soando os atabaques para o trabalho ↗começar ✔
→E lá na areia/ ✔ seus filhos a esperam ✔

→Soando os atabaques para o trabalho começar ✔

→Doce Iemanjá, rainha do mar ✔

→Doce Iemanjá, rainha do mar ✔

SUBIDA

149 (Barravento)

→Quanto me (dão) para levar ✓
→Mãe Iemanjá para o fundo do mar ✓
→Quanto me dão para levar ✓
→Mãe Iemanjá para o fundo do mar ✓
→Buquê de flores, laços de fitas ✓
→Mãe Iemanjá/é uma moça bonita ✓
→Buquê de flores laços de fitas ✓
→Mãe Iemanjá/é uma moça bonita ✓

150 (Nagô)

→Elas (vão) beirando areia ✓
→Elas vão beirando o mar ✓
→As Caboclas vão-se embora ✓
→Se encontrar com Iemanjá ✓

IANSÃ

Sempre que a justiça divina é ativada, tanto seu polo passivo quanto seu polo ativo são ativados, e aí surge Iansã, regente da lei nos campos da justiça.

Iansã é a divindade da lei, cuja natureza eólica expande o fogo de Xangô, e, assim que o ser é purificado de seus vícios, ela entra em sua vida redirecionando-o e conduzindo-o a um campo no qual retomará sua evolução. Iansã, como qualidade de Deus, está em tudo e em todos e é a força móvel que direciona a fé (Oxalá), a justiça (Xangô), a evolução (Obaluaê), a geração (Iemanjá), a agregação (Oxum) e a lei (Ogum).

Orixá dos ventos, da tempestade, deusa dos relâmpagos, Iansã é a patroa dos Exus, dominadora e condutora dos Eguns (alma dos mortos). É também conhecida como Iansã Balé, a Senhora dos Cemitérios.

No norte do Brasil, temos o Babassuê ou Terreiro de Santa Bárbara, culto semelhante ao Candomblé, porém com nítidas influências da Pajelança, uma cerimônia religiosa de origem indígena.

Sincretismo

Gêge	Nagô	Angola	Catolicismo
Abé	Oyá/Iansã	Matamba	Santa Bárbara
			Santa Joana d'Arc
			Santa Madalena

Saudações

Eparrei, Iansã (Salve o raio, Iansã)

Fontes: 1 – SARACENI, Rubens. *Doutrina e Teologia de Umbanda Sagrada*. São Paulo: Madras Editora, 2003, p. 158.
2 – *Revista dos Orixás*. São Paulo: Editora Provenzano, 2000, p. 3.
3 – VIEIRA, Lurdes de Campos (coord); SARACENI, Rubens. *Manual Doutrinário, Ritualístico e Comportamental Umbandista*. São Paulo: Madras Editora, 2005, p. 72.

Pontos de Iansã

FIRMEZA
151 (Angola)

→Ian(sã,) meu Orixá, estrela guia ✓ tu és a própria ventania ✓

→Que em meu terreiro sempre louvo em seu congá ✓

→Tu ↗ és ✓ a moça rica e↘ formosa↗ ✓ és minha mãe a linda↘ rosa ✓

→Do jardim suspenso de pai Oxalá ✓

↗Guerreira, ✓ és minha força, és minha fé ✓

↗Trago comigo seu axé ✓ e o misticismo da Bahia ✓

→Louvo ✓ seu lindo relampear, ✓ ↘relampear ✓ que ilumina o meu→ passar ✓

↗Senhora da ventania ✓

→Louvo o vento, louvo o raio/ ✓ , louvo o relampear ✓

→Saravá, santa guerreira/, ✓ saravá/seu Jacutá ✓

→Louvo o vento, louvo o raio/ ✓ , louvo o relampear ✓

→Saravá, santa guerreira/, ✓ saravá/seu Jacutá ✓

↘Iansã

COROA
152 (Nagô/Ijexá)

→Ian(sã) é a rainha dos ventos ✓

→Deusa dos raios, ✓ do corisco e trovão ✓

→Iansã é a rainha dos ventos ✓

→Deusa dos raios, ✓ do corisco e trovão ✓

→Eparrei, ✓ Eparrei, ✓ ↗Eparrei ✓

→Oh, mamãe de Aruanda ✓

→Ela vem na Umbanda ✓

→Visitar seu Ilê ✓

} (bis)

→Bate paô,/Iaô,/bate paôô ✓

→Bate paô,/Iaô/pra Iabá ✓

→Bate paô ✓

} (bis)

CHAMADA
153 (Congo)

↗Eu quero (ver) ✓

↘Eu quero veer ✓

↗Eu quero ver Iansã girar ✓

↗Eu quero ver ✓

↘Eu quero veer ✓

↗Eu quero ver Iansã girar ✓

→Eu quero ver a rainha dos ventos ✓

→Eu quero ver a menina de Oyá ✓

→Eu quero ver a rainha dos ventos ✓

→Eu quero ver a menina de Oyá ✓

SUSTENTAÇÃO

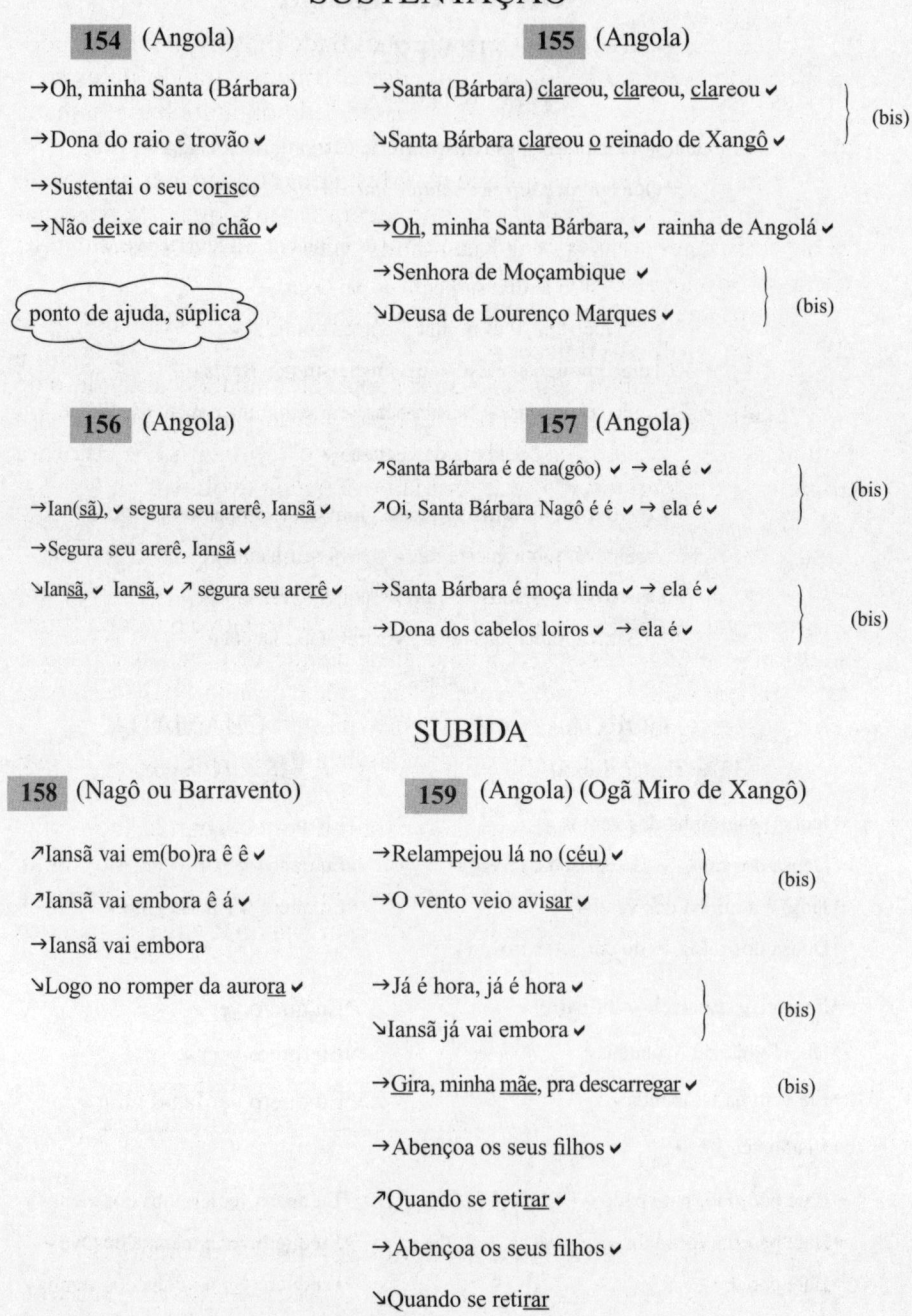

154 (Angola)

→Oh, minha Santa (Bárbara)
→Dona do raio e trovão ✔
→Sustentai o seu corisco
→Não deixe cair no chão ✔

(ponto de ajuda, súplica)

155 (Angola)

→Santa (Bárbara) clareou, clareou, clareou ✔ } (bis)
↘Santa Bárbara clareou o reinado de Xangô ✔

→Oh, minha Santa Bárbara, ✔ rainha de Angolá ✔
→Senhora de Moçambique ✔ } (bis)
↘Deusa de Lourenço Marques ✔

156 (Angola)

→Ian(sã), ✔ segura seu arerê, Iansã ✔
→Segura seu arerê, Iansã ✔
↘Iansã, ✔ Iansã, ✔ ↗ segura seu arerê ✔

157 (Angola)

↗Santa Bárbara é de na(gôo) ✔ → ela é ✔
↗Oi, Santa Bárbara Nagô é é ✔ → ela é ✔ } (bis)

→Santa Bárbara é moça linda ✔ → ela é ✔
→Dona dos cabelos loiros ✔ → ela é ✔ } (bis)

SUBIDA

158 (Nagô ou Barravento)

↗Iansã vai em(bo)ra ê ê ✔
↗Iansã vai embora ê á ✔
→Iansã vai embora
↘Logo no romper da aurora ✔

159 (Angola) (Ogã Miro de Xangô)

→Relampejou lá no (céu) ✔ } (bis)
→O vento veio avisar ✔

→Já é hora, já é hora ✔ } (bis)
↘Iansã já vai embora ✔

→Gira, minha mãe, pra descarregar ✔ (bis)

→Abençoa os seus filhos ✔
↗Quando se retirar ✔
→Abençoa os seus filhos ✔
↘Quando se retirar

Nanã Buruquê

Olorum, na sua criação, criou a qualidade maleável e decantadora, ativando-a contra todos os conceitos errôneos, tirando deles suas estabilidades para, a seguir, decantá-los no lodo da ignorância humana acerca das coisas divinas. Essa qualidade dual é Nanã Buruquê.

Nanã Buruquê é dual porque manifesta duas qualidades ao mesmo tempo, uma vai dando maleabilidade, desfazendo o que está paralisado ou petrificado, a outra vai decantando tudo e todos dos seus vícios, desequilíbrios ou negativismos.

Ela forma com Obaluaê um par natural, e são os Orixás responsáveis pela evolução dos seres.

Ela faz com que a evolução do ser seja retomada, decantando-o de todo negativismo, fixando-o no seu "barro" e deixando-o pronto para a atuação de Obaluaê, que o remodelará, o estabilizará e o colocará novamente em movimento ou em uma nova senda evolutiva.

Por essa qualidade, ela é a divindade que atua sobre o espírito que vai reencarnar, pois ela decanta todos os seus sentimentos, mágoas e conceitos; dilui todos os acúmulos energéticos e o adormece em sua memória para que Obaluaê reduza-o ao tamanho do feto no útero da mãe, que o reconduzirá à luz da carne, em que não se lembrará de nada do que já vivenciou. É por isso que Nanã é associada à senilidade, à velhice, que é quando a pessoa começa a se esquecer de muitas coisas que vivenciou na sua vida carnal.

Portanto, um dos campos de atuação dela é a "memória", se Oxóssi aguça o raciocínio ela adormece os conhecimentos do espírito para que eles não interfiram no destino traçado para toda uma encarnação.

Em outra linha da vida, ela é encontrada na menopausa; no início, está Oxum, estimulando a sexualidade feminina; no meio, está Iemanjá, estimulando a maternidade; e lá, no fim, está Nanã, paralisando tanto a sexualidade quanto a geração de filhos.

Sincretismo

Gêge	Nagô	Angola	Catolicismo
Anabioko	Nana	Zumbarandá	Santa Ana

Saudações

Salubá, Nanã! (Salve a Senhora das Águas Pantaneiras)

Fontes: 1 – SARACENI, Rubens. *Doutrina e Teologia de Umbanda Sagrada*. São Paulo: Madras Editora, 2003, p. 168.
2 – *Revista dos Orixás*. São Paulo: Editora Provenzano, 2000, p. 3.
3 – VIEIRA, Lurdes de Campos (coord); SARACENI, Rubens. *Manual Doutrinário, Ritualístico e Comportamental Umbandista*. São Paulo: Madras Editora, 2005, p. 72.

Pontos de Nanã

FIRMEZA

160 (Nagô) (Valdir Rebeca)

→Nos(pés) de Nanã, eu vou rezar ✓
→E levo flores pro jardim de Oxalá ✓
→Nos pés de Nanã, eu vou rezar ✓
→E levo flores pro jardim de Oxalá ✓
↗Deusa tão bonita/ ✓ de tanto sabeer ✓
→Bordou o seu vestido ✓
→Com a cor do amanhecer ✓

↗E, nas águas cristalinas, ✓
↗O Sol também brilha ✓
↗É Nanã é quem comanda ✓
→Esta força que ↘ ilumina ✓

→Salubá, Nanã, ✓ Nanã ↘Buruquê ✓
→Proteja minha vida ✓   (bis)
→Não me deixe ↘sofrer ✓

COROA

161 (Barravento) (Pai José Valdivino)

→É (Nanã), Nanã de Caicó ✓
→É Nanã, Nanã de Caicó ✓
→Ela é mãe, ela é filha, ela é vó ✓
→Ela é Santa Ana, Senhora de Caicó ✓
→É Nanã, Nanã de Caicó ✓
→É Nanã, Nanã de Caicó ✓
→Ela é mãe, ela é filha, ela é vó ✓
→Ela é Santa Ana, Senhora de Caicó ✓

CHAMADA

162 (Angola)

→Atraca, (atraca), que aí vem Nanã / ea ✓
→Atraca, atraca, que aí vem Nanãã / ea ✓
→Atraca, atraca, que aí vem Nanã / ea ✓
→Atraca, atraca, que aí vem Nanãã / ea ✓
↗É Nanã, é Oxum é que vem, ↘saravá→ ea ✓
→Atraca, atraca, que aí vem Nanãã / ea ✓

↗É Nanã, é Oxum é que vem, ↘saravá→ ea ✓
→Atraca, atraca, que aí vem Nanãã / ea ✓

163 (Angola)

→Vovó (Nanã) que vem de longe ✓
↗Curvada pelo peso da idade ✓
→Vovó Nanã que vem de longe ✓
↗Curvada pelo peso da idade ✓
→Ela nos traz experiência ✓
→Ela pratica a caridade ✓
→Com sua dança/nos embala a caminhar ✓
→Com seu abraço/seu carinho vem nos dar ✓
↗Ela é Nanã, Nanã de ↘Buruquê ✓
→Linda senhora/que veio nos proteger ✓
↗Ela é Nanã, Nanã de ↘Buruquê ✓
→Linda senhora/que veio nos proteger ✓

SUSTENTAÇÃO

164 (Angola)
→Oi na beira do (rio)/ ✓ Nanã
→Tá dançando xaxado/ ✓ Nanã
→Oi na beira do rio/ ✓ Nanã
→Tá dançando xaxado/ ✓ Nanã ✓

↗Lava<u>dei</u>ra, ↗lava<u>dei</u>ra ✓ (bis)
→Oi lava, passa e engoma,↘lava<u>dei</u>ra ✓ (bis)

165 (Barravento)
→É Nanã no sapa(ta) ✓
→É Nanã no catende ✓
→É Nanã no sapata ✓
→É Nanã no catende ✓

166 (Nagô)
→São(flores), Nanã, são fl<u>ores</u> ✓
→São flores, Nanã Buru<u>quê</u> ✓
→São flores, Nanã, são fl<u>ores</u> ✓
→De seu filho Obalu<u>aê</u> ✓
↗Nas <u>n</u>oites de agoni<u>a</u> ✓
→Ele é quem vem nos va<u>ler</u> ✓
→É seu filho, Nanã/é meu ↘pai ✓
→O senhor Obalu<u>aê</u> ✓
→É seu filho, Nanã/é meu ↘ pai ✓
→O senhor Obalu<u>aê</u> ✓
→São flores... ✓

} (bis)

167 (Angola)
→Nanã é luz do (dia), ✓ que vem cla<u>rear</u> ✓
→É pedra <u>de</u> brilhantes ✓ que não se quebrará ✓
→Nanã é luz do dia, ✓ que vem cla<u>rear</u> ✓
→É pedra <u>de</u> brilhantes ✓ que não se quebrará ✓
→Fontes <u>m</u>urmurantes, ✓ estrela no <u>ar</u> ✓
→Caminhos de rosas brancas. Oi...
→Para Nanã pa<u>ssar</u> ✓
→Caminhos de rosas brancas. Oi...
→ Para Nanã pa<u>ssar</u> ✓

SUBIDA

168 (Angola)
→<u>O</u>lha o véu do amanhe(<u>cer</u>) ✓
→Olha o cla<u>rão</u>, ✓ olha o romper da auro<u>ra</u> ✓

→<u>V</u>ejo o colorir das flores ✓
↘É Nanã que já v<u>ai</u> embo<u>ra</u> ✓

→<u>Qu</u>em é filho dela choora ✓
→Quando Na<u>nã</u> v<u>ai</u> embo<u>ra</u> ✓
↗A <u>b</u>ên<u>ção</u>, Na<u>nã</u>, ✓ a <u>b</u>ên<u>ção</u>, Na<u>nã</u>, ✓
↘De sau<u>d</u>ades, também se choo<u>ra</u> ✓

} (bis)

169 (Angola)
→A Umbanda lhe (chamou) ✓
→Mãe Nanã já vai embora ✓

→A Umbanda lhe chamou ✓
→Mãe Nanã já vai embora ✓

→Ela vai lá pra Aruanda ✓
↘Na Aruanda, onde ela mora ✓
→Ela vai lá pra Aruanda ✓
↘Na Aruanda, onde ela mora ✓

Oyá-Logunam

Oyá-Logunam é uma divindade ativa da fé e é em si mesma esse mistério divino, pois gera religiosidade o tempo todo e irradia ou absorve conforme as necessidades. Se o ser está apático, ele recebe; se está emocionado, tem-na esgotada.

Logunam é o Orixá do tempo, e seu campo preferencial de atuação é o religioso, em que atua como ordenadora do caos religioso, ativando ou paralisando a qualidade religiosa dos seres movidos pelos sentimentos de fé. Suas irradiações espiraladas são alternadas e direcionadas, só alcançando os seres apatizados ou emocionados, esgotando o emocional dos seres que estão vibrando sentimentos religiosos desequilibrados.

As hierarquias de Logunam são formadas por seres naturais circunspectos, glacialmente religiosos e muito respeitosos, não admitindo arroubos religiosos de espécie alguma à sua volta.

Todos os seres que pregam sua fé com emotividade e a vivenciam com fanatismo estão sob a sua irradiação. Todo ser que faz de suas práticas religiosas um ato de exploração da boa-fé de seus semelhantes será punido e esgotado em seus domínios cósmicos.

Oyá é muito temida, pois é a própria frieza de Deus para com seus filhos desvirtuados que deturpam sua qualidade divina (a fé) e, a partir de seus vícios e desequilíbrios, ludibriam a boa-fé de seus semelhantes.

Sincretismo

Gêge	Nagô	Angola	Catolicismo
		Tempo	

Saudações

Olha o tempo, minha mãe!

Fontes: 1 – SARACENI, Rubens. *Doutrina e Teologia de Umbanda Sagrada*. São Paulo: Madras Editora, 2003, p. 148.
2 – VIEIRA, Lurdes de Campos (coord.); SARACENI, Rubens. *Manual Doutrinário, Ritualístico e Comportamental Umbandista*. São Paulo: Madras Editora, 2005, p. 72.

Pontos de Oyá-Logunam

FIRMEZA
170 (Congo) (Geraldo Pereira Jr.)

→Gira seu (tem)po, mamãe, gira seu tempo ✓
→Em nossa vida, em nosso congá ✓
→Gira seu tempo, mamãe, gira seu tempo ✓ (bis)
→Fortalecendo os nossos Eledás ✓

→A nossa casa com certeza é mais ↘ formosa ✓
→Na gira espiralada de Oyá ✓
→A nossa Umbanda se expande pelo mundo ✓

→Na vibratória Iluminada de ↗ Oyá ✓
→A nossa Umbanda se expande pelo mundo ✓
→Na vibratória iluminada de ↘ Oyá ✓

→Oyá/,Oyá,/Oyá, divina mamãe Oyá ✓
→Gira seu tempo no tempo desta terra ✓
→Da Umbanda que é sagrada de Pai ↗Oxalá ✓

→Gira seu tempo no tempo desta terra ✓
→Da Umbanda que é sagrada de →Pai Oxalá (oi....) ✓

COROA
171 (Angola) (Roberto da Costa)

→Resplande(ceu,) iluminou ✓
→Luz cristalina/minha fé cristalizou ✓

→Resplandeceu, iluminou ✓
→Luz cristalina/minha fé cristalizou ✓
→A mãe Oyá é a doná do tempo ✓
→Girou no templo para nos guiar ✓

→A mãe Oyá é a doná do tempo ✓
→Gira no templo, vem nos ↗sa ra vá ✓

CHAMADA
172 (Angola) (Rozilene Frye)

→O tempo vir(ou,) ✓ lá no fim do horizonte ✓
→Foi um lindo clarão, ✓ é Oyá quem chegou ✓

→O tempo virou, ✓ lá no fim do horizonte ✓
→Foi um lindo clarão, ✓ é Oyá quem chegou ✓

→Ela vem com sua espada ✓
↗Acompanhada das guerreiras/ ✓
↘Vem fazer cumprir, Oyá, ✓ as leis de Oxaláa ✓

→Ela vem com sua espada ✓
↗Acompanhada das guerreiras/ ✓
↘Vem fazer cumprir, Oyá, as leis de Oxaláa ✓

SUSTENTAÇÃO
173 (Barravento) (D. P.)

↗Oyá, (Oyá,) ela é dona do mundo ✓
→Oyá, Oyá, mãe Oyá venceu a guerra ✓

↗Oyá, Oyá, ela é dona do mundo ✓
→Oyá, Oyá, mãe Oyá venceu a guerra ✓

↗Oyá, Oyá, ela é dona do mundo ✓
→Oyá, Oyá, mãe Oyá venceu a guerra ✓

SUSTENTAÇÃO

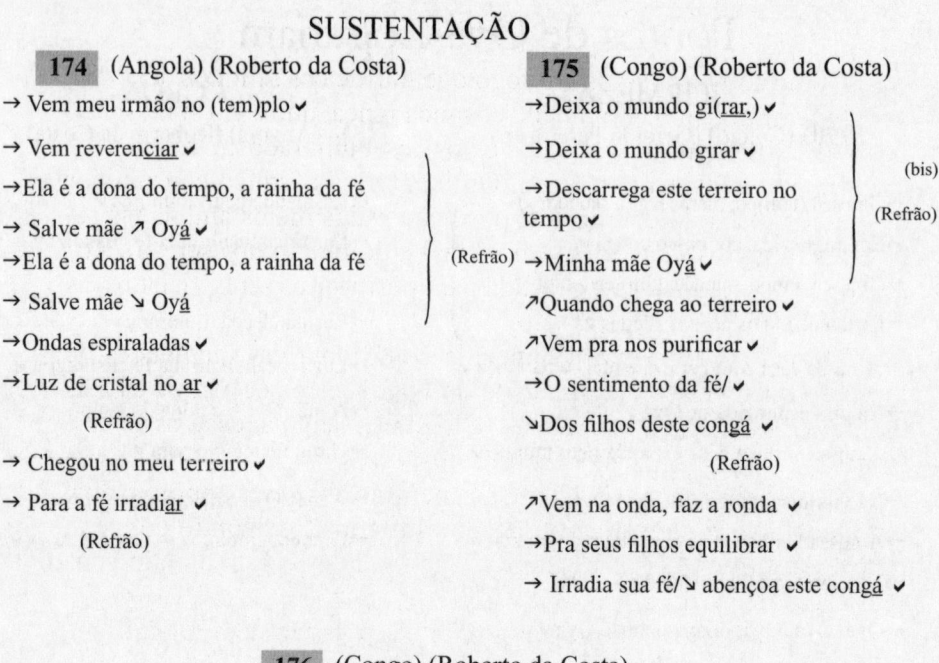

174 (Angola) (Roberto da Costa)
→ Vem meu irmão no (tem)plo ✓
→ Vem reverenciar ✓
→Ela é a dona do tempo, a rainha da fé
→ Salve mãe ↗ Oyá ✓
→Ela é a dona do tempo, a rainha da fé   (Refrão)
→ Salve mãe ↘ Oyá
→Ondas espiraladas ✓
→Luz de cristal no ar ✓
    (Refrão)
→ Chegou no meu terreiro ✓
→ Para a fé irradiar ✓
    (Refrão)

175 (Congo) (Roberto da Costa)
→Deixa o mundo gi(rar,) ✓
→Deixa o mundo girar ✓
→Descarrega este terreiro no tempo ✓   (bis)
→Minha mãe Oyá ✓   (Refrão)
↗Quando chega ao terreiro ✓
↗Vem pra nos purificar ✓
→O sentimento da fé/ ✓
↘Dos filhos deste congá ✓
    (Refrão)
↗Vem na onda, faz a ronda ✓
→Pra seus filhos equilibrar ✓
→ Irradia sua fé/↘ abençoa este congá ✓

176 (Congo) (Roberto da Costa)
→Oyá, Oyá é a dona do tempo ✓ depura a fé para cristalizar... ✓
→Me equilibra, oh, luz do meu caminho ✓ na fé de Zambi e de Pai Oxalá ✓   (bis)
↗Ela vem lá do infinito, ✓ ↗ como é bonito ver Oyá girar ✓
→Iluminando os seus filhos ✓ ↘ abençoando este congá ✓   (bis)

SUBIDA

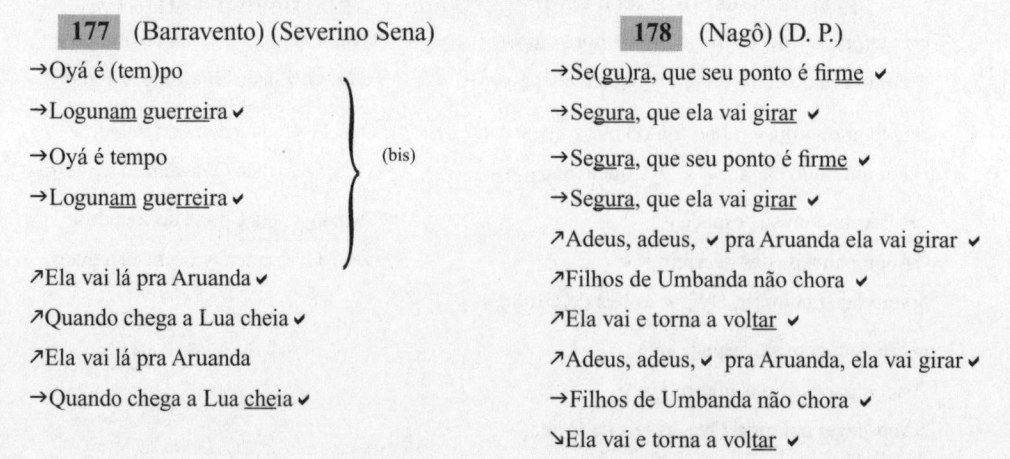

177 (Barravento) (Severino Sena)
→Oyá é (tem)po
→Logunam guerreira ✓
→Oyá é tempo   (bis)
→Logunam guerreira ✓

↗Ela vai lá pra Aruanda ✓
↗Quando chega a Lua cheia ✓
↗Ela vai lá pra Aruanda
→Quando chega a Lua cheia ✓

178 (Nagô) (D. P.)
→Se(gu)ra, que seu ponto é firme ✓
→Segura, que ela vai girar ✓
→Segura, que seu ponto é firme ✓
→Segura, que ela vai girar ✓
↗Adeus, adeus, ✓ pra Aruanda ela vai girar ✓
↗Filhos de Umbanda não chora ✓
↗Ela vai e torna a voltar ✓
↗Adeus, adeus, ✓ pra Aruanda, ela vai girar ✓
→Filhos de Umbanda não chora ✓
↘Ela vai e torna a voltar ✓

Oroiná

Como a justiça divina é o fogo que purifica os sentidos desvirtuados, então surge uma divindade cósmica ígnea, que é em si mesma o Fogo da Purificação dos viciados e dos desequilibrados: Oroiná.

Então temos, na Umbanda, Oroiná, Orixá cósmico consumidor dos vícios e dos desequilíbrios, purificador dos meios ambientes religiosos (templos), das casas (moradas) e do íntimo dos seres (sentimentos). Nos rituais, ela é evocada para purificar os seres viciados, as magias negras, as injustiças, etc.

Oroiná é muito mais conhecida como uma das qualidades de Iansã do que como uma divindade do Fogo Cósmico, porque as lendas a definiram como uma Iansã. O fogo de Xangô aquece os seres e torna-os calorosos, ajuizados e sensatos.

O fogo de Oroiná consome as energias dos seres apaixonados, emocionados, fanatizados ou desequilibrados, reduzindo a chama de cada um a níveis baixíssimos, paralisando-os e anulando seus vícios emocionais.

Como Oroiná (fogo) é feminina, ela polariza com Ogum (ar), que é masculino, e lhe dá a sustentação do elemento que precisa, mas de forma passiva e ordenada.

Observem que a lei e a justiça são inseparáveis, e, para comentarmos Oroiná, temos de envolver Ogum, Xangô e Iansã, que são outros três Orixás que também se polarizam e criam campos específicos de duas das Sete Linhas da Umbanda.

Entendam que, se uma linha, ar e fogo, se polariza para aplicar a lei (Ogum-Oroiná) e, em outra, fogo e ar (Xangô-Iansã) se polarizam para aplicar a justiça, é porque tanto o fogo e o ar quanto a justiça e a lei não são antagônicos, e sim complementares. O fogo, em verdade, não consome ou anula o ar, mas tão somente o energiza com seu calor, e o ar não apaga o fogo, mas apenas o expande ou faz refluir.

Sincretismo

Gêge	Nagô	Angola	Catolicismo

Saudações

Kali Yê, minha mãe! (Salve a Senhora Negra, minha mãe!)

Fontes: 1 – SARACENI, Rubens. *Doutrina e Teologia de Umbanda Sagrada*. São Paulo: Madras Editora, 2003, p. 163.
2 – VIEIRA, Lurdes de Campos (coord.); SARACENI, Rubens. *Manual Doutrinário, Ritualístico e Comportamental Umbandista*. São Paulo: Madras Editora, 2005, p. 72.

Pontos de Oroiná

179 Firmeza
(Nagô) (Mãe Conceição Florindo)

→Eguni(tá), ✔ Orixá de Umbanda ✔
→Ela tem a luz, ✔ ela tem o calor ✔
→É a senhora da lei ✔
↘Que executa com fervor ✔

→Seu calor nos conduz ✔
→Seu amor, nossa luz ✔
→Seu calor nos conduz ✔
→Seu amor nossa luz ✔

180 Coroa
(Congo) (Roberto da Costa)

→Quando o (Sol) clareia a Terra ✔
→Vem pra nos iluminar ✔
→E com seu fogo divino ✔
→Vem pra nos purificar ✔
(bis)

→E clareou... o céu, ✔ clareou... o ar ✔
→E clareou... a terra, ✔ clareou... o mar ✔
↗Auê chama divina
↗É minha mãe Oroiná ✔
↗Auê, chama divina
↘É minha mãe Oroiná ✔
(bis)

CHAMADA
181 (Congo de Ouro) Mãe Lurdes de Campos Vieira

↗Divina mãe Oroiná, → mãe Kali, venha/nos ajudar ✔
↗Iluminando nossos caminhos, → purificando nosso congá ✔
(bis)

↗Oh, mãe do fogo, nos aqueça em seu calor ✔
→Fogo sagrado nos ampare em seu amor ✔
(bis)

CHAMADA
182 (Barravento) (Roberto da Costa)

→Dona do (fogo)
→Descarrega o meu congá ✔
(bis)

→Purifica este terreiro
→Pros seus filhos ↗ trabalhar ✔
→Purifica este terreiro
→Pros seus filhos ↘ trabalhar ✔
→Vem de Aruanda
→Oh, mãe guerreira Oroiná ✔
→Ilumina nossa banda
→Vem na Umbanda ↗ trabalhar ✔
(bis)

→Ilumina nossa banda
→Vem na Umbanda ↘ trabalhar ✔

SAUDAÇÃO
183 (Ijexá) (Roberto da Costa)

→Clareou o meu te(rrei)ro ✔
→Eu fui lá pra ver quem é ✔
→Vi a rainha do fogo ✔
→Era minha mãe de fé ✔
→Os seus olhos aqueciam ✔
→Cintilavam meu congá ✔
→Era uma chama dourada ✔
→Espalhada pelo ar ✔
↗Oh, Oroiná, ✔ alivia minha → dor ✔
↘Oh, Oroiná ✔
→Estou cantando em seu louvor ✔
↗Oh, Oroiná, ✔ alivia minha → dor ✔
↘Oh, Oroiná ✔
→Estou cantando em seu louvor ✔

SUSTENTAÇÃO

184 (Angola) (Roberto da Costa)
→Oh, raio flamejante ✓
→Cruza este meu congá ✓
→Com a chama sagrada ✓ (bis)
→De mãe Oroiná ✓

↗Equilibra os seus filhos na justiça ✓
↗Mãe divina, venha nos abençoar ✓
→Purifica e energiza o meu terreiro ✓ (bis)
→Eu trabalho com amor de Oroiná ✓

↗Oh, Kali ê. Oh, Kali a ✓
↗Oh, mãe divina, equilibra o meu congá ✓

↗Oh, Kali ê. Oh, Kali a ✓
→Oh, mãe divina, equilibra o meu congá ✓

185 (Congo) (Roberto da Costa)
→Chama divina no raiar do dia ✓
→Me abençoa e vem me iluminar ✓
→Chama divina que aquece a terra ✓ (bis)
→Com o fogo sagrado de Oroiná ✓

→Ela raiou... deixa raiar ✓
→Abençoe este terreiro
→Purifica o meu congá ✓
→Ela raiou... deixa raiar ✓

→Abençoe este terreiro
→Minha mãe Oroiná ✓

SUBIDA

186 (Angola) Severino Sena
→Kaliê já vai embora ✓
→Mãe Kali vai nos deixar ✓ (bis)
→Proteção para os seus filhos ✓
→Iluminando nosso congá ✓ (bis)

↗Oroiná, minha mãe ✓
↗Oh, Kaliê, minha mãe ✓
↗Filhos de fé ✓ (bis)
↗Te saúdam no congá ✓
"nos bis" (↘Te saúdam no congá)

187 (Nagô/Barravento)
↗Oroiná vai embora ê ê ✓
↗Oroiná vai embora ê á ✓
→Oroiná vai embora
↘Logo no romper da aurora ✓

↗Oroiná vai embora ê ê ✓
↗Oroiná vai embora ê á ✓
→Oroiná vai embora
↘Logo no romper da aurora ✓

Obá

Obá é uma divindade cósmica, gerada em Deus, na sua qualidade concentradora, que dá consistência e firmeza a tudo o que cria. Ela é o elemento terra, que dá sustentação e germina em seu ventre terroso todas as sementes do conhecimento.

Ela é uma divindade unigênita que possui um magnetismo negativo, atrativo e concentrador, que polariza com Oxóssi e atua como concentradora do raciocínio dos seres expandidos por ele.

Obá, nas lendas, é tida como a "Orixá da Verdade".

Oxóssi é visto como doutrinador pensante, expansivo. Já Obá é vista e interpretada como a mestra rigorosa, inflexível e irredutível nos seus pontos de vista (conceito sobre a verdade). Ela não é envolvente, mas absorvente, não é amorosa, mas corretiva, e não se peja se tiver de esgotar toda a capacidade de raciocínio de um ser que se emocionou e se desequilibrou mentalmente.

Por ser em si a qualidade concentradora do criador Olorum, Obá também gera em si suas hierarquias, racionalistas e circunspectas, e sua qualidade, que é passada aos seus filhos, que a absorvem e tornam-se racionalistas, circunspectos, muito observadores e pouco falantes.

O ser que está sendo atuado por Obá começa a desinteressar-se pelo assunto que tanto o atraía e torna-se meio apático, alguns até perdem sua desvirtuada capacidade de raciocinar. Então, quando o ser já foi paralisado e teve seu emocional descarregado dos conceitos falsos, aí ela o conduz ao campo de ação de Oxóssi, que começará a atuar no sentido de redirecioná-lo à linha reta do conhecimento.

Sincretismo

Gêge	Nagô	Angola	Catolicismo
			Nossa Senhora das Neves/Mont Serrat

Saudações

A-Kiro-Obá-Yê (Eu saúdo o seu conhecimento, Senhora da Terra)
Exó!

Fontes: 1 – SARACENI, Rubens. *Doutrina e Teologia de Umbanda Sagrada*. São Paulo: Madras Editora, 2003, p. 154-157.
2 – *Revista dos Orixás*. São Paulo: Editora Provenzano, 2000, p. 21.

Pontos de Obá

188 COROA

(Barravento) (Roberto da Costa)
→Ela (traz) conhecimento

→Vem me iluminar ✔
↗Clareia meu pensamento
→Ô minha mãe ↘Obá ✔

→Ela é luz da verdade
→Vem me sustentar ✔
↗Com sua sabedoria
→Ô minha mãe ↘ Obá ✔

→Irradia o tempo todo
→E sabe ensinar ✔
↗Dona do conhecimento   (bis)
→Ô minha mãe ↘ Obá ✔

189 FIRMEZA

(Angola) (Roberto da Costa)
→Olha aquele passa(rinho) ✔

→Construiu seu ninho
→Lá no reino de Obá ✔

→Igual à sua mãe
→Com muito carinho ✔
→Concentrando a Terra
→Construiu seu lar ✔

→Hoje ele é mestre do conhecimento ✔
→E, com sabedoria, pode me ensinar ✔

→Pra que eu também
→ Construa o meu ninho ✔
→Nas terras sagradas   (bis)
→ De mamãe Obá ✔

SUSTENTAÇÃO

190 (Congo) (Roberto da Costa)

↗Clareia, Obá-(Iê)
↗Clareia, Oba-Iê ✓
→Oh, mãe da sabedoria
↘Venha nos valer ✓   (bis)

↗Concentrou os elementos
↗Gerou nova energia ✓
↗Criou o conhecimento/
↘É mãe da sabedoria ✓

↗Clareia, Obá-Iê
↗Clareia, Obá-Iê ✓
→Oh, mãe da sabedoria   (bis)
↘Venha nos valer ✓
↗Ela é quem reveste a serra
↗Ela é quem sustenta o mar ✓
↗É a rainha da Terra/
↘Que se expande pelo ar ✓

CHAMADA

191 (Angola) (Roberto da Costa)

→Gira no te(rrei)ro
→Oh, minha mãe Obá ✓
→Protege os seus filhos
→Pra gira concentrar ✓
→Firma o seu reino
→Aqui no meu congá ✓
→Luz da sabedoria
→Vem iluminar ✓

↗Com as forças da Terra
↗Eu vou trabalhar ✓
↗Me envolve em sua luz ✓   (bis)
↘Oh, minha mãe Obá ✓

SUBIDA

192 (Barravento) (Severino Sena)

→Obá gue(rrei)ra, ela vai lá pra Aruanda ✓
→ Proteção pra nossa banda. Salve mãe ↗Obá ✓
→Obá guerreira, ela vai lá pra Aruanda ✓
→Proteção pra nossa banda. Salve mãe ↘Obá

9

CABOCLOS E GUIAS

Procuramos aqui falar um pouco dos Caboclos, guias e entidades. Devemos ter em mente que os Caboclos e Caboclas estão em todas as linhas e são subordinados a todos os Orixás. Os Caboclos e Caboclas são os mensageiros dos Orixás em nossas casas de trabalhos e em nossas vidas; assim, temos Caboclos para todas as linhas, como já falamos no início deste livro.

Se um Caboclo de Ogum Iara é Ogum, mas está sob a irradiação de outro Orixá, no caso, é Oxum.

Se um Caboclo de Ogum Beira-Mar é Ogum, mas está sob irradiação de outro Orixá, é Iemanjá. Isso serve para os Caboclos de Oxóssi, Xangô, Iemanjá, Oxum, etc.

Até agora, falamos só de Caboclos, mas, ao falar dos Caboclos, estamos falando também dos Pretos-Velhos, dos Baianos, Boiadeiros, Marinheiros; são sempre representantes divinos dos Orixás.

Ao trabalharmos com os Pretos-Velhos, estamos lidando diretamente com as forças divinas do pai Obaluaê, Xangô, mas também estamos sob as forças de todos os outros Orixás, basta seguir os nomes de cada Preto-Velho para ter uma ideia de qual Orixá ele está subordinado, sob qual força divina ele está trabalhando.

Se trabalharmos com os Baianos, estaremos sob as irradiações de mãe Iansã, Nosso Senhor do Bonfim; se formos sincretizar, estaremos sob influência de Oxalá. Observem que a coisa não é tão simples como parece, e, mais uma vez, não estaremos cruzando linhas, estaremos sim sob o amparo divino de todo o panteão sagrado.

Temos também os Erês, os Ibejís, as Crianças de Angola, Cosminhos, sincretizados com São Cosme e São Damião.

O Erê significa renovação, revivência, recomeço. De uma forma geral, ele é alegria, tranquilidade, felicidade, coisas boas. Ele tem de vir para trabalhar, apesar de muitas casas só o chamar para festas. Temos de aproveitar melhor a energia do Erê para trabalhar; ele tem muita energia.

São os Erês que recebem ordens dos nossos Orixás, trazendo para qualquer entidade. Eles são os mensageiros diretos dos Orixás; quando você pedir para o Erê, rapidamente, será atendido, porque ele tem acesso direto ao Orixá.

Cada Orixá possui seu Erê, da mesma forma que cada Orixá possui seu Exu, que é o mensageiro divino, conforme relatamos anteriormente.

SAUDAÇÕES

Caboclo – Okê, Caboclo! (Dê seu brado, Caboclo)
Crianças – Omi Beijada (Salve os irmãos do altar)
Boiadeiro – Xetrua Boiadeiro
Ciganos – Salve o povo do Oriente
Marinheiros – Salve a Marujada

Fontes: 1 – Colaboração e pesquisa de Mãe Cida da Iansã.
2 – VIEIRA, Lurdes de Campos (coord.); SARACENI, Rubens. *Manual Doutrinário, Ritualístico e Comportamental Umbandista*. São Paulo: Madras Editora, 2005, p. 72.

Pontos de Cosme e Damião

FIRMEZA
193 (Nagô)

→ Saravá, Olo(rum) ✓
↗Meu pai Obatalá, ↘ saravá ✓

→Saravá, Olorum ✓
↗Meu pai Obatalá, ↘ saravá ✓

↗Os anjos descem lá do céu ✓
↗Trazendo flor em suas mãos ✓
↗Para enfeitar o terreiro de↘ Umbanda ✓
→Na festa de São Cosme e Damião ✓

↗Oh, meu São Cosme e Damião ✓
→Oh, meu São Cosme e Damião ✓
↘Oh, meu São Cosme e Damião ✓

COROA
194 (Nagô)

→Em (fren)te deste congá ✓
→São Benedito está em pé ✓ } (bis)

→Salve o povo de Aruanda ✓
→Salve o povo da Guiné ✓
→Salve São Jorge guerreiro ✓
→Salve São Sebastião ✓

→Salve a Virgem Imaculada
→Oi, salve Cosme e Damião ✓

→Salve a Virgem Imaculada
→Oi, salve Cosme e Damião ✓

CHAMADA
195 (Angola)

→Mas que lindo cavalo (bran)co
→Que aquele menino vem montado ✓
→Ele vem descendo a serra
→Dizendo que é filho de soldado ✓
} (bis)

↗É Damião, ✓ é Damião ✓
→É Damião que vem no cavalo de Ogum ✓

↗É Damião, ✓ é Damião ✓
→É Damião que vem no cavalo de Ogum ✓

196 (Nagô)

→Pa(pai), me mande um balão ✓
→Com todas as crianças que tem lá no céu ✓
→Papai, me mande um balão ✓
→Com todas crianças que tem lá no céu ✓

→Tem doce, papai, tem doce, papai
→Tem doce lá no↗ jardim ✓

→Tem doce, papai, tem doce, papai
→Tem doce lá no ↘jardim ✓

197 (Nagô)

→Oi, (Cosme), cadê Damião ✓
→Cadê Damião, cadê Doum ✓
→Oi, Cosme, cadê Damião ✓
→Na linha de Umbanda, falta um ✓

198 (Angola)

↗Vamos brin(car) como as crianças brincam ✓
→Vamos brincar de aprender rodar ✓ } (bis)

→Doum, ✓ Doum, ✓
↗Atira a pedra que ainda falta um ✓
} (bis)

SUSTENTAÇÃO

199 (Angola) (Pai José Valdevino)

→Eu vi Cosme sen(ta)do lá no banco do jard<u>im</u> ✓
→Esperando Dam<u>ião</u>, Crispiniano e Crispim ✓

→Eu vi Cosme sentado lá no banco do jardim
→Esperando Dam<u>ião</u>, Crispiniano e Crispim ✓

→Tá chegando <u>gen</u>te de <u>to</u>do lugar ✓
→Tá chegando <u>gen</u>te só pra ver você brincar, <u>oi</u> ✓
→Tá chegando <u>gen</u>te de <u>to</u>do lugar ✓
→Tá chegando <u>gen</u>te só pra ver você brin<u>car</u> ✓

→Gente do Congo de Angola
→Da Cambinda e da Guiné ✓
→Mamãe de Solub<u>á</u> ✓
→Vem trazendo seu a<u>xé</u> ✓ } (bis)

200 (Nagô)

→Eu (vi), eu <u>vi</u>, ✓ eu vi a estrela brilh<u>ar</u> ✓
→Eu vi um clarão no ↗<u>céu</u> ✓
→Eu vi mãe sereia no ↘<u>mar</u> ✓ } (bis)

→Eu vi mamãe Ians<u>ã</u> ✓
↗Eu vi mamãe Ox<u>um</u> ✓
→Eu vi o capacete dourado
→E a espada guerreira de senhor Og<u>um</u> ✓

→Eu vi Cosme e Dam<u>ião</u>, ✓
↗Crispim e Crispini<u>a</u>no ✓
→Eu vi o rei das matas/
→Senhor Oxóssi é quem está traba<u>lhan</u>do ✓ } (bis)

201 (Angola)

→Ele é pequeni(ninho), ✓
↗mora no fundo do mar ✓
→Sua madrinha é serei<u>a</u> ✓
↗Seu padrinho é Beira-<u>Mar</u> ✓ } (bis)

→No fundo do mar, ✓ tem areia
→No fundo do mar, ✓ tem areia ✓
→Seu padrinho é Beira-Mar ✓
→Sua madrinha é sereia ✓ } (bis)

202 (Nagô)

→Maria(zinha) na beira da praia ✓
→Como é que sacode a saia ✓

→Mariazinha na beira da praia ✓
→Como é que sacode a saia ✓

→É assim, é assim, é assim, ↗olêlê ✓
→É assim que sacode a saia ✓

→É assim, é assim, é assim, ↗olêlê ✓
→É assim que sacode a saia ✓

SUSTENTAÇÃO

203 (Ijexá)
↗Maria(zinha) nasceu na beira do rio ✔
↗Na beira do rio, lá no↘ jure__má__ ✔

↗Mariazinha nasceu na beira do rio ✔
↗Na beira do rio, lá no↘ jure__má__ ✔

→Aonde a lua brilha, clareia as campinas ✔
→Clareia as matas pras crianças brin__carem__ ✔

→Aonde a lua brilha, clareia as campinas ✔
→Clareia as matas pras crianças brin__carem__ ✔

204 (Nagô)
→Catarina, você (tem) ✔
↗Um congá que é uma beleza ✔

→Catarina, você tem ✔
↗Um congá que é uma beleza ✔

→O terreiro enfei__tado__ ✔
→__M__uitos __d__oces __so__bre a mesa ✔

→O terreiro enfei__tado__ ✔
→__M__uitos __d__oces __so__bre a mesa ✔

Pontos de Agradecimento

205 (Ijexá)
→Ele foi dou(tor), ele foi doutor, ele cu__rou__ ✔
→Numa brincadeira ele cu__rou__, ele cu__rou__ ✔ } (bis)

↗Eram três crian__ças__, ✔ eu me lembro b__em__ ✔
↗O terreiro em festa, ✔ eu me lembro b__em__ ✔

↗Vieram ✔ de um a __um__ ✔
↗Eram Cosme → Damião e Do__um__ ✔ } (bis)

206 (Angola)
↗Filho de fé estava do(en)te ✔
↗Filho de fé estava chorando ✔

→Filho de fé viu Ibejada ✔
→Filho de fé já está cantando ✔

SUBIDA

207 (Congo)
↗A(__deus__), nobreza ✔
→As criancinhas já vão embo__ra__ ✔

↗A__deus__, nobreza ✔
→Elas vão com Deus e Nossa ↗Se__nho__ra
→É hora, é hora ✔

208 (Barravento)
→Eu vou em(__bo__)ra, aqui eu não __fi__co ✔
→Tenho meu paizinho
→Que me dá o que co__mer__ ✔

→Tem minha mãezinha
→Que me dá o que be__ber__ ✔
→Tenho meu paizinho
→Que me dá o que co__mer__ ✔
} (bis)

Pontos de Preto-Velho

Ao entrarmos na sequência de pontos destinados aos povos, cabe uma explicação.

Até aqui, quando íamos começar uma linha, nós cantávamos um ponto de firmeza do Orixá e, na sequência, cantávamos o ponto de coroa e chamada para o mesmo Orixá ou para os Caboclos ou Caboclas da linha que estávamos trabalhando.

Ao cantarmos para os povos (Preto-Velho, Baiano, Marinheiro, etc.), a hierarquia continua a mesma; devemos cantar para o Orixá que dá sustentação à linha que vamos trabalhar para depois cantarmos o ponto de coroa, chamada, etc.

A diferença é que, para os Orixás, nós cantávamos para o Orixá e trabalhávamos na mesma linha; agora vamos pedir licença para o Orixá e trabalharemos com a linha de povos (guias e/ou mensageiros), que são sustentados por aquele ou aqueles Orixás.

Não podemos esquecer que todos os guias e mensageiros são amparados por todos os Orixás, mas existem Orixás que dão sustentação a linhas específicas.

No caso específico da linha das almas (Pretos-Velhos e Pretas-Velhas), a sustentação é dada por Omolu e Obaluaê, no masculino, e Nanã, no feminino; há casas que cantam para São Benedito, etc.; para as demais linhas, no momento certo, falaremos.

FIRMEZA: Podemos cantar qualquer um dos pontos de firmeza, saudação ou sustentação dos Orixás acima mencionados; não convém cantarmos chamada, subida, demanda ou cura.

COROA

209 (Angola)

↗Olelê, meu Deus do (céu), que alegria ✓
↗Os Pretos-Velhos não carregam soberbia ✓   (bis)
→Meu Deus do céu, ✓ isso aqui, eu preferia ✓
→A estrela d'Alva no ponto do meio-dia ✓   (refrão)

↗Eu vou plantar neste quintal pé de ↘ pinheiro ✓
↗Para mostrar como se quebra macumbeiro ✓
→Eu vou plantar neste quintal pé de ↘pinheiro ✓
↘Para mostrar como se ↘ quebra macumbeiro ✓

Refrão

↗Galo penacho bota abaixo na campana ✓
↗Neste terreiro, galo velho não apanha ✓
→Galo penacho bota abaixo na campana ✓
↘Neste terreiro, galo velho não apanha ✓

210 (Nagô)

→Olha (Congo) mujango maravilha ✓
→Quem mandou aruê, saravá ✓
↗Olha Congo mandou me chamar/ ✓   (bis)
→Quem mandou aruê, saravá ✓

→O isquindim, o isquindim
→O isquindim, oi, mujango ✓
→Olha lá no mar ✓   (bis)
→Olha lá no mar, oi, mujango ✓
→Apanha mujango no mar ✓

↗Sua terra é muito longe, oi, mujango ✓
↗Ninguém pode ir lá ✓
→Ninguém pode ir lá, oi, mujango ✓   (bis)
→Apanha mujango no mar ✓

CHAMADA

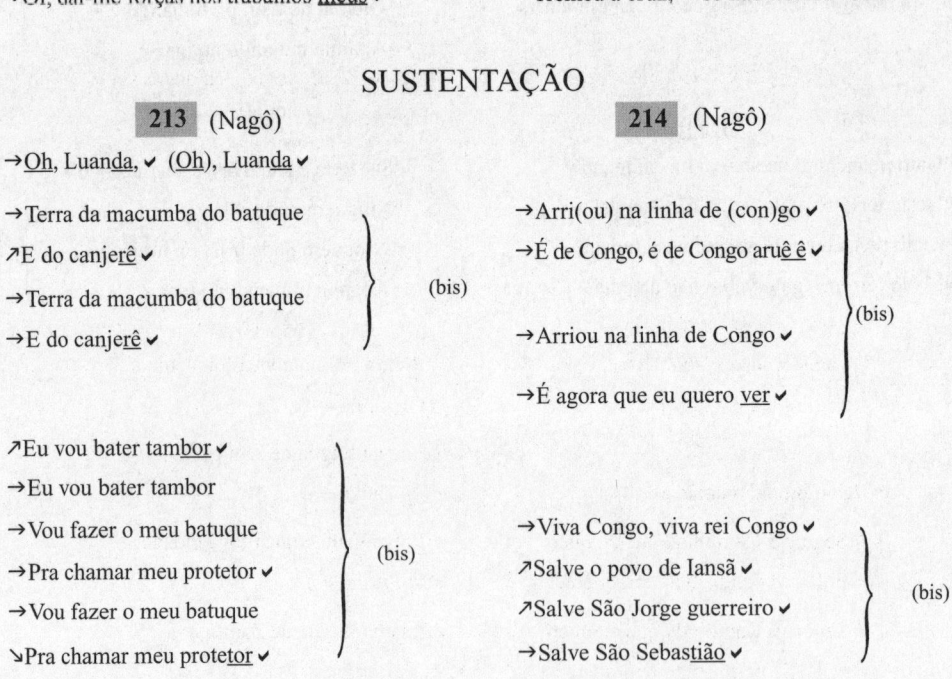

211 (Nagô)

→Quem (vem), quem vem lá de tão longe ✓
→São os Pretos-Velhos que vêm trabalhar ✓
→Quem vem, quem vem lá de tão longe ✓
→São os Pretos-Velhos que vêm trabalhar ✓

→Oi, dai-me forças pelo amor de ↗Deus, ↘meu pai ✓
→Oi, dai-me forças nos trabalhos meus ✓

→Oi, dai-me forças pelo amor de↗ Deus, ↘meu pai ✓
→Oi, dai-me forças nos trabalhos meus ✓

212 (Angola)

→Preto-Velho quando (vem)
→Vem beirando aos pés da cruz ✓ } (bis)
→Vem pedindo a proteção
→Para os filhos de Jesus ✓

→A terra tremeu, a terra tremeu ✓
→Tremeu a cruz, ✓ só não tremeu Jesus ✓

→A terra tremeu, a terra tremeu ✓
→Tremeu a cruz, ✓ só não tremeu Jesus ✓

SUSTENTAÇÃO

213 (Nagô)

→Oh, Luanda, ✓ (Oh), Luanda ✓

→Terra da macumba do batuque
↗E do canjerê ✓
→Terra da macumba do batuque   (bis)
→E do canjerê ✓

↗Eu vou bater tambor ✓
→Eu vou bater tambor
→Vou fazer o meu batuque
→Pra chamar meu protetor ✓   (bis)
→Vou fazer o meu batuque
↘Pra chamar meu protetor ✓

214 (Nagô)

→Arri(ou) na linha de (con)go ✓
→É de Congo, é de Congo aruê ê ✓   } (bis)
→Arriou na linha de Congo ✓
→É agora que eu quero ver ✓

→Viva Congo, viva rei Congo ✓
↗Salve o povo de Iansã ✓
↗Salve São Jorge guerreiro ✓   } (bis)
→Salve São Sebastião ✓

Pontos de Preta-Velha

CHAMADA

215 (Nagô)

→(Tira) o cipó do ca(mi)nho, oi, criança
↗Deixa a vovó atrave<u>ssar</u> ✓

→Tira o cipó do caminho, oi, criança
↗Deixa a vovó atrave<u>ssar</u> ✓

↗É <u>Preta</u>-Velha que vem de Aruanda
→Que vem, sara<u>vá</u> ✓

↗É <u>Preta</u>-Velha que vem de Aruanda
→Que vem, sara<u>vá</u> ✓

216 (Nagô)

→Lá vem vo(vó) descendo a serra
→Com sua sa<u>co</u>la ✓
→Com seu patuá e o seu rosário
→Ela vem de Ango<u>la</u> ✓   } (bis)

→Eu quero ver vo<u>vó</u>, ↗eu quero <u>ver</u> ✓
↗Eu quero ver se filho de pemba
↗Tem que<u>rer</u> ✓

→Eu quero ver vo<u>vó</u>, ↗eu quero <u>ver</u> ✓
↗Eu quero ver se filho de pemba
↘Tem que<u>rer</u> ✓

SUSTENTAÇÃO

217 (Angola)

↗Cam(bin)da, mamãe <u>e</u>
↗Cambinda, mamãe <u>a</u> ✓

↗Cambinda, mamãe <u>e</u>
↗Cambinda, mamãe a

→Segura a Cambinda que eu quero ver ✓
→Filho de pemba não tem quereer ✓

→Segura a Cambinda que eu quero ver ✓
→Filho de pemba não tem que<u>rer</u> ✓

↗O povo de Cambinda quando
vem pra trabalhar ✓   (bis)

→Todo povo vem por terra ✓
Cambinda vem pelo mar ✓   (bis)

218 (Nagô)

→Preta-(Ve)lha nunca foi à cidade
→Oi, sinhá ✓
↗Fala na língua de Zambi
↗Oi, sinhá ✓

→Preta-Velha nunca foi à cidade
→Oi, sinhá ✓
↗Fala na língua de Zambi
↗Oi, sinhá ✓

→Ê ê ê, oi, sinhá ✓
↗Fala na língua de Zambi
↗Oi, sinhá ✓
→Ê ê ê, oi, sinhá ✓
↗Fala na língua de Zambi
↗Oi, sinhá ✓

SUSTENTAÇÃO

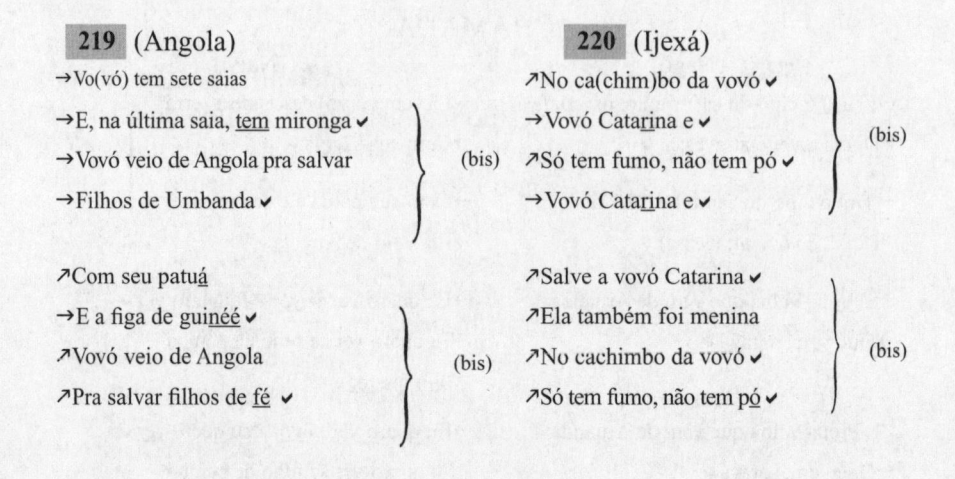

219 (Angola)
→Vo(vó) tem sete saias
→E, na última saia, tem mironga ✓
→Vovó veio de Angola pra salvar   (bis)
→Filhos de Umbanda ✓

↗Com seu patuá
→E a figa de guinéé ✓
↗Vovó veio de Angola   (bis)
↗Pra salvar filhos de fé ✓

220 (Ijexá)
↗No ca(chim)bo da vovó ✓
→Vovó Catarina e ✓   (bis)
↗Só tem fumo, não tem pó ✓
→Vovó Catarina e ✓

↗Salve a vovó Catarina ✓
↗Ela também foi menina
↗No cachimbo da vovó ✓   (bis)
↗Só tem fumo, não tem pó ✓

SUBIDA

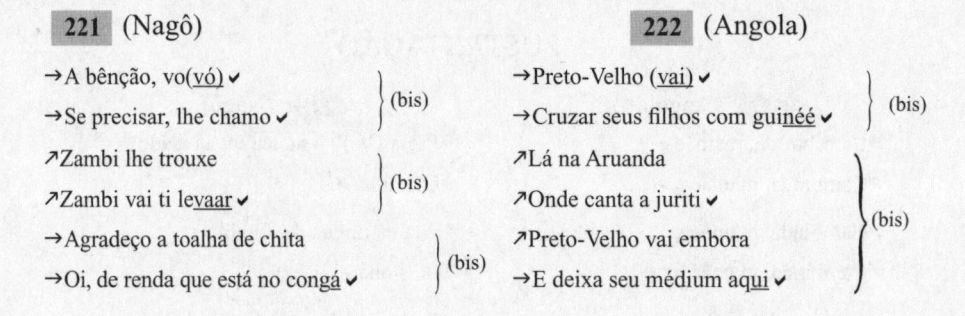

221 (Nagô)
→A bênção, vo(vó) ✓
→Se precisar, lhe chamo ✓   (bis)
↗Zambi lhe trouxe
↗Zambi vai ti levaar ✓   (bis)
→Agradeço a toalha de chita
→Oi, de renda que está no congá ✓   (bis)

222 (Angola)
→Preto-Velho (vai) ✓
→Cruzar seus filhos com guinéé ✓   (bis)
↗Lá na Aruanda
↗Onde canta a juriti ✓
↗Preto-Velho vai embora   (bis)
→E deixa seu médium aqui ✓

Baianos (as)

Esta linha é um dos sustentáculos da Umbanda; não tem um terreiro que não trabalhe com a linha dos Baianos, também conhecida como Caboclos Nagô. Formando o tripé Caboclo, Baiano e Cosme, é uma linha de espíritos muito fortes; tem um estilo todo próprio de se comunicar, como os encarnados, o estilo regional do nordestino de falar, de se vestir, de gesticular. As comidas e bebidas são as nordestinas; são muito bons com as ervas, com o uso da fumaça, do cigarro de palha, cigarro comum, charuto e cachimbo, na cura e quebra de demandas e desmanchando feitiços. São excelentes conselheiros.

Tem terreiro que, ao cantar o ponto de firmeza para esta linha, primeiro canta para Iansã, pois esta linha é subordinada a esse Orixá, mas há outros que cantam primeiro para Nosso Senhor do Bonfim, Oxalá e até outros Orixás. Todos estão corretos, pois é uma linha de espíritos e encantados que trabalham sob a tutela de todos os Orixás.

Pontos de Baianos

FIRMEZA
223 (Rufo) (Pai José Valdivino)

→Jesus nasceu em Belém ✔
↗E o anjo no céu cantou ✔ } (bis)

→Nasceu ô menino Deus ✔
→Filho de Nosso Senhor ✔ } (bis)

→O rei de todas as nações ✔
↗Império do imperador ✔ } (bis)

→Oh, valei-me, Senhor do Bonfim, ✔
↗E todos seus filhos de fé ✔ } (bis)

→Oh, meu bom Jesus da Lapa ✔
→São Francisco Xavier ✔ } (bis)

COROA
224 (Nagô)

→Oh, meu Sen(hor) do Bonfim ✔
↗Valei-me, São Salvador ✔ } (bis)

→Vamos, saravá, nossa gente ✔
→Que o povo da Bahia chegou ✔ } (bis)

→Na Bahia, tem diz que tem ouro fino
→Diz que tem ouro bom ✔ } (bis)

↗Diz que tem ouro fino
↗Diz que tem vatapá ✔

↗Pimenta da costa
→Mironga nhá nhá ✔

↗Bahia, Bahia, Bahia de São Salvador ✔
↗Quem nunca foi à Bahia } (bis)
→Pra ver Bonfim, Nosso Senhor ✔
} (bis)

CHAMADA

225 (Angola)
↗Oi, um baiano (bom)
↗Não tem medo de arriar ✓

↗Oi, um baiano bom
↗Não tem medo de arriar ✓

→Com a faca na cintura
→E o cigarro pra fumar ✓

→Com a faca na cintura
→E o cigarro pra fumar ✓

226 (Angola)
→Baiano quando (vem)
→Vem beirando à beira-mar ✓ } (bis)

→Bota congo no sereno
→Oi, deixa congo serenar ✓

↗Auê, baiano da Serra da Mantiqueira ✓
↗Auê, baiano pisa de qualquer maneira ✓

↗Auê, baiano da Serra da Mantiqueira ✓
↗Auê, baiano pisa de qualquer maneira ✓

SAUDAÇÃO

227 (Nagô)
→(Com) seu terno branco
→Com seu chapéu de palha ✓
→Chegou seu Zé Pelintra*
→Pra vencer sua batalha ✓ } (bis)

→Ele é baiano, baiano lá do sertão ✓
→Quebra coco, faz mironga
→Pra salvar todos os ↗ irmãos ✓

→Ele é baiano, baiano lá do sertão ✓
→Quebra coco, faz mironga
→Pra salvar todos os ↘ irmãos ✓

228 (Angola)
→Zé Pe(lin)tra desceu a serra ✓
→Convidou a↗ baianada ✓ } (bis)

↗Para dançar de pé no chão ✓
→Ao romper da madrugada ✓ } (bis)

→Olha a pisada/
↗Da baianada ✓

→Olha a pisada/
↘Da baianada ✓
} (bis)

---

*N.E.: Sugerimos a leitura de *Zé Pelintra*, de Mizael Vaz, Madras Editora.

229 (Nagô)

→Chegou a(qui) no sertão ✓
→Um cangaceiro arretado ✓ } (bis)
→Um cabra macho danado ✓
→É Virgulino, cuidado ✓

→É lampi, é Lampi, é Lampi ✓
→É Lampi, é Lampi, é Lampião ✓ } (bis)
→O seu nome é Virgulino ✓
→O apelido é Lampião ✓

230 (Barravento)

→Mu(lher), oh, mulher ✓
↗Não tenha medo do seu marido ✓ } (bis)

↗Se ele é bom na faca ✓
→Eu sou no facão ✓

↗Se ele é bom na reza ✓
→Eu, na oração ✓
↗Se ele diz que sim ✓
→Eu digo que não ✓
↗Eu sou Zé Pelintra ✓
→Ele é Lampião ✓

CHAMADA

231 (Angola)

→Abra os por(tões) da Bahia ✓
→Deixa a baiana passar ✓

→Abra os portões da Bahia ✓
→Deixa a baiana passar ✓

↗Ela é baiana do ataí ✓
→Ela é baiana do atoá ✓

↗Ela é baiana do ataí ✓

→Ela é baiana do atoá ✓

232 (Nagô)

→Ba(ia)na da saia rendada ✓
→Seu tabuleiro tem axé ✓ } (bis)

→A baiana vem ↗requebrando
→Como dança no ↗Candomblé ✓

→A baiana vem ↗requebrando
→Como dança no ↘Candomblé ✓

→Oh, Bahia, ✓ Bahia de Nosso Senhor do Bonfim ✓
↘Oh, Bahia, ✓ peça a Oxalá por mim ✓ } (bis)
para encerrar (peça a Oxalá por mim)

SAUDAÇÃO

233 (Angola)

→A baiana chegou da Ba(hia) ✓
→Vamos todos com ela dançar ✓
→A baiana chegou da Bahia ✓
→Vamos todos com ela dançar ✓

↗Vem, vem, vem, ó baiana ✓
↗Tem, tem, tem, ó dendê ✓ } (bis)
↗Vem, vem, vem, ó baiana ✓
→Pra saravá/ ✓

234 (Angola)

↗Maria (Con)ga, ela vence demanda ✓
↗Maria Conga, ela vence demanda ✓
→No seu terreiro, ela diz que tem mironga ✓
→No seu terreiro, ela diz que tem mironga ✓

↗Maria Conga, lavadeira de sinhá ✓
↗Maria Conga, lavadeira de sinhá ✓

→Lavou a saia de chita
→No ribeirão de inha inhá ✓ } (bis)

SUBIDA

235 (Barravento)
→ Os baianos vão em(bo)ra
→ Vão devagarinho ✓
→ Vão quebrando os cocos
→ Pelos caminhos ✓

236 (Angola)
→ Quando o coco (cai) ✓
→ O coqueiro chora ✓
↗ Adeus, minha gente ✓
→ (Os baianos) vão embora ✓

237 (Barravento)
→ Vamos, baia(na)da
→ Pisar no Catimbó ✓
→ Amarrai os inimigos
→ Na rodilha de cipó ✓

238 (Angola)
→ O coqueiro do (no)rte } (bis)
→ Está balançando ✓

→ Olha, adeus, que a Bahia } (bis)
→ Está lhe chamando ✓

239 (Nagô)
→ Lá em Be(lém)
→ Já chegou a sua hora ✓
→ As baianas vão embora
→ As baianas vão embora ✓

240 (Angola)
→ Bahia (ô) Bahia ✓
→ Bahia, ô, Bahia ✓
→ Vou me embora pra Bahia ✓
→ Terra de São Salvador ✓
→ Se aqui eu sou feliz ✓
→ Na Bahia, eu também sou ✓

Ajuda ou Socorro

241 (Ijexá)

→ Corre, (gi)ra, meu pai ✓   corre, gira, ✓   corre, gira, meu pai ✓   corre, gira, ✓
→ Corre, gira, meu pai ✓   corre, gira, ✓   corre, gira, meu pai ✓   corre, gira, ✓

→ Baiano pede pras almas ✓   as almas pedem pros santos ✓ }
→ Os santos pedem pra Deus ✓   a caridade ✓   } (bis)

Boiadeiros

A linha de Boiadeiros é formada por espíritos e encantados que trabalham originalmente nos campos, mas também estão em todos os outros lugares. Se fizermos uma analogia desta linha com a linha dos Baianos e nos transportarmos para uma fazenda, os Baianos seriam aqueles que cuidam da manutenção, e os Boiadeiros cuidariam da lida com o gado, nos campos, nas comitivas de transportes de gado; é aquele espírito rude no trato da terra, porém, com muita sensibilidade para as adversidades da vida.

Quanto aos pontos de firmeza da linha, por eles estarem ligados aos campos, ao tempo aberto, canta-se também para Iansã, Oiá Logunam, por ser Tempo. Muitas casas cantam para Xangô, Ogum, etc.; depende muito da linha que o Boiadeiro está ligado.

Pontos de Boiadeiros

FIRMEZA

242 (Angola)

↗Seu Ogum Boia(dei)ro
↗Cruza este terreiro ✔
↗Seu Ogum Boiadeiro
↗Cruza este congáá ✔
(bis)

↗É lá no céu
↗Aqui na terra
↗É lá no mar ✔
↗Seu Ogum Boiadeiro
↗Ele é mensageiro
↗De pai Oxalá ✔
(bis)

COROA

243 (Angola)

→A menina do so(bra)do
→Mandou me chamar por seu criado ✔
→Eu mandei dizer a ela
→Que estou vaquejando o meu gado ✔
(bis)

→Mas eu sou Boiadeiro ✔
→E gosto de um samba arrojado ✔
→Mas eu sou Boiadeiro ✔
→E gosto de um samba arrojado ✔

CHAMADA

244 (Angola)

→Quem vem lá
→Dois, dois em(um) ✔
→Sou eu Boiadeiro, sou eu ✔
→A cancela do meio bateu
→Sou eu Boiadeiro, sou eu ✔
(bis)

↗Boiadeiro, Boiadeiro ✔
→Sua boiada esparramada ✔
↗Boiadeiro chama seu guia ✔
→E vem ver sua boiada
(bis)

245 (Barravento)

→Na minha boi(a)da
→Me falta um boi ✔
→Oi, me falta um
→Oi, me faltam dois ✔

→Na minha boiada
→Me falta um boi ✔
→Oi, me faltam dois
→Oi, me faltam três ✔
(bis)

SAUDAÇÃO

246 (Barravento)
→Eu (te)nho meu chapéu de c<u>ou</u>ro ✓
→Eu tenho a minha gui<u>a</u>da ✓
→Eu tenho meu lenço vermelh<u>o</u> ✓
→Para tocar minha vaquej<u>a</u>da ✓

247 (Congo)
→Cadê minha (c<u>or</u>)da
→De laçar meu boi ✓
→O meu boi fugiu
→Eu não sei pra onde f<u>oi</u> ✓

248 (Congo)
→Abre este cam(<u>pes</u>)tre
→Que eu quero passar ✓
→Quero ver meu ga<u>do</u>
→Aonde ele está ✓

249 (Nagô)
↗Sou um va(quei)ro do norte ✓ ⎫
↘Toco meu gado na estrada ✓ ⎭ (bis)
→Eu sou Boiadeiro ✓ ⎫
→Boiadeiro tem boiada ✓ ⎭ (bis)
→E boi e b<u>oi</u>
→É quatro, é cinco
→É três, é dois
→E boi e b<u>oi</u>
→É quatro, é cinco
→É três, é dois

250 (Nagô)
↗Sou Boia(dei)ro de mina ⎫
↗Sou lá de mina Nag<u>ô</u> ✓ ⎭ (bis)
→Vim ver a minha menina ⎫
→Na fazend<u>á</u> do senh<u>or</u> ✓ ⎭ (bis)
↗Vestida de blusa amarela ✓ ⎫
↗Sand<u>á</u>lias de →couro cru ✓ ⎭ (bis)
→Deb<u>ru</u>çada na janela ✓ ⎫
→Em cima de um velho b<u>aú</u> ✓ ⎭ (bis)
↗Sou Boiadeiro, Boiadeiro <u>sou</u> ✓ ⎫
→Sou Boiadeiro da mina Nag<u>ô</u> ✓ ⎭ (bis)

SUBIDA

251 (Barravento)
↗<u>O</u>lha, pega o ca(<u>va</u>)lo
↗Pega o est<u>ri</u>bo
↗Monta na garupa
↗Boiadeiro vai embo<u>ra</u> ✓

↗Ê tá na hora ✓
→Ê tá na hora ✓

252 (Barravento)
↗Eu vou-me em(bo)ra, que eu não posso demo<u>rar</u> ✓ ⎫
→Eu vou-me embora, que eu não posso demo<u>rar</u> ✓ ⎭ (bis)
↗Meu caminho é por l<u>á</u>, ✓ → mas eu vou por aq<u>ui</u> ✓
↗Meu caminho é por l<u>á</u>, ✓ → mas eu vou por aq<u>ui</u> ✓
↗A minha aldeia reconhece quando eu chego ✓ ⎫
→A minha aldeia reconhece o meu pi<u>sar</u> ✓ ⎭ (bis)

Pontos de Marinheiros

Os pontos de firmezas são direcionados aos Orixás, pedindo a permissão ou bênção para trabalharmos com os mensageiros da linha dele. Nesse caso, podemos cantar para Iemanjá, como Orixá, regente das águas salgadas, como em algumas casas cantam também para Xangô, pois consideram que os Marinheiros vêm da linha do Oriente.

COROA

Neste caso, também pode ser usado o ponto do Marinheiro chefe da casa.

253 (Ijexá)

→ Es(ta)va / sentado / na beira / do rio ✓
→ Olhando os peixinhos nadar ✓

↗ Eu vi ✓ a água balançar ✓
→ Vi Seu Martim em seu barquinho a navegar ✓   (bis)

↗ Oh, Martim, pescador, ✓ venha me ajudar ✓
↗ Ancore o seu barco, ✓ eu quero atravessar ✓

↗ Oh, Martim, pescador, ✓ venha me ajudar ✓
→ Ancore o seu barco, ✓ eu quero atravessar ✓

SAUDAÇÃO

254 (Nagô)

→ Seu Martim, pesca(dor), que vida é a sua ✓
→ Bebendo cachaça e caindo na rua ✓   (bis)

→ Eu bebo, sim, você bebe também ✓
→ Bebo com meu dinheiro   (bis)
→ Devo nada pra ninguém ✓

→ Eu bebo de dia e caio de noite ✓
→ Eu bebo de noite e caio de dia ✓   (bis)

255 (Angola)

→ Seu Mari(nhe)iro, eu não sei por quê ✓
→ Toda madrugada, eu sonho é com ↗ você ✓

→ Seu Marinheiro, eu não sei por quê ✓
→ Toda madrugada, eu sonho é com você ✓

↗ Marinheiro é bom, é bom nesta corrente ✓
→ Só um Marinheiro pra salvar toda essa gente ✓   (bis)

CHAMADA

256 (Barravento)

→ (Puxa) as correntes do mar
→ Marinheiro ✓   (bis)

→ O Marinheiro, Marinheiro ✓
→ Eu vim vadiar no terreiro ✓   (bis)

257 (Angola)

↗ Marinheiro (vem)
↗ Ele vem lá do Oriente ✓   (bis)

→ Ele vem trazendo força
→ E proteção pra nossa gente ✓   (bis)

SUSTENTAÇÃO

258 (Nagô)

→Quem te ensinou a na(dar)✓ (bis)

→Foi, foi Marinheiro ✓
↘ Foram os peixinhos do mar ✓ } (bis)

↗E nós que viemos
↗De outras terras, de outro mar ✓
→Nós trouxemos chumbos e balas ✓
→Nós queremos é guerrear ✓ } (bis)

259 (Angola)

→Seu Mari(nhei)ro do mar ✓
→Não ↗ deixai o barquinho afundar ✓ } (bis)

↗Rema, remadooooor ↘ ✓
→Seu barquinho em alto mar ✓ } (bis)

SUBIDA

260 (Angola)

→O navio api(tou) ✓ ↗o relógio marcou hora ✓
→O navio apitou ✓ ↗o relógio marcou hora ✓

→Adeus, meu povo todo ✓ Marinheiro vai embora ✓
→Adeus, meu povo todo ✓ Marinheiro vai embora ✓

261 (Angola)

→Adeus, povo da (arei)a, adeus pro meu congá ✓ (bis)

→O navio apitou, Marinheiro vai pro mar ✓

→O navio apitou, Marinheiro vai pro mar ✓

262 (Angola)

↗Seu Mari(nhei)ro, sua morada é no mar ✓ (bis)
↗Eu vou, eu vou remando
↗Remando para o mar ✓
↗Eu vou, eu vou remando
↘Remando para o mar ✓

→Seu marinheiro, ✓ que balanço é este ✓ (bis)

↗É meu barquinho que vai para o mar ✓
→Levando flores belas pra mãe Iemanjá ✓ } (bis)

263 (Angola)

→O (mar) é mo(ra)da ✓ de quem sabe navegar ✓
↗Navegar sobre as ondas ✓
→As ondas da deusa do mar ✓
→Marinheiro são filhos, ✓ ↗filhos em alto mar ✓
↗Eles vão embora e não ✓ demoram a voltar ✓
↗Eles vão embora e não ✓ demoram a → voltar

264 (Barravento)

→A onda me (tro)uxe, o vento me leva
→Quando a onda passar/
→Eu me sento na pedra ✓

CIGANOS (AS)

Esta linha é relativamente nova na Umbanda. É complicado falarmos em novo ou velho, pois depende de quanto tempo se pratica; mas, em relação às outras linhas, é relativamente nova.

Também são espíritos e encantados de muita força de realização astral, muito relacionados a esoterismo, leitura de mãos, cartas, adivinhações e encantamentos. Algumas pessoas a entendem também como linha da esquerda, por causa dos encantamentos que são muito comuns nesta linha.

Aqui vai uma dica: se você estiver precisando de algo muito rápido, tipo aqueles recados que a gente manda a molecada passar urgente, pegue três moedas de qualquer valor e, ao andar pela rua, evoque os Meninos Ciganos. Faça o pedido e jogue as moedas, uma de cada vez, para que ele pegue no ar, pagando pela gentileza, e logo seu pedido será atendido.

Na firmeza da linha dos Ciganos, poderemos rezar uma das preces de Santa Sara Kali, protetora dos Ciganos, também relacionada com Kali ou Oroiná, divindade do fogo divino. Será que é por isso que os Ciganos têm suas realizações sempre ao redor de uma fogueira? Não sei, mas por vias das dúvidas, saravá, Ciganos...

Pontos de Ciganos

265 ORAÇÃO
(Santa Sara Kali)

Tu que és a única
Santa cigana do mundo.
Tu que sofreste todas as formas
De humilhação e preconceitos.
Tu que fostes amedrontada
E jogada ao mar, para que
Morresses de sede e de fome.
Tu que sabes o que é o medo,
A fome, a mágoa e a dor no coração
Não permitas que meus inimigos
Zombem de mim ou me maltratem.
Que tu sejas minha
Advogada diante de Deus.
Que tu me concedas sorte e saúde,
E que abençoe a minha vida.
Amém!

266 COROA
(Angola) (Severino Sena)

→Sarita é uma ci(ga)na
→É uma cigana verdadeira ✓   (bis)

↘Pro seu povo, ela é rainha
↘Ela é rainha feiticeira ✓   (bis)

→Sarita, ela adivinha
→Ela previne, ela aconselha ✓   (bis)

↘Pro seu povo, ela é rainha
↘Ela é rainha feiticeira ✓   (bis)

CHAMADA

267 (Angola)

→De onde (vêm) todos Ciganos ✓
↗Vêm da cidade de Oxalá ✓

→De onde vêm todos Ciganos ✓
↗Vêm da cidade de Oxalá ✓

→Cantando e dançando
→E levantando a poeira ✓
→Cantando e dançando
→E levantando a poeira ✓

268 (Angola)

→Linda Ci(ga)na ✓ de onde é que você veio ✓
→Vim do Oriente ✓ trabalhar neste congá ✓

→Linda Cigana ✓ você pega suas muambas ✓
→Vai do fundo do terreiro
→Até o canto do congá ✓   (bis)

→Brilhou no céu ✓ ↗ brilhou no mar ✓
→Salve esta aldeia ✓ pequena aldeia ✓
→Salve as Ciganas ✓ que acabam de chegar ✓   (bis)

SUSTENTAÇÃO

269 (Angola)

→Ela é uma Cigana fa(cei)ra, ela é ✓
→Ela é das sete linhas, ela é de bandolé ✓

(outra versão)

→Ela é das sete linhas e não é de Candomblé

→Ela veio de muito longe
→Pra seus filhos ajudar ✓

→Ela veio de muito longe
→Saravá, nosso congá ✓

270 (Angola)

→Ventou, ventou po(ei)ra ✓
→Nas bandas do lado meu ✓   ⎫ (bis)
→Ventou, ventou poeira ✓   ⎬ (refrão)
→Nas bandas do lado ↘ meu ✓   ⎭

→Cigano não está à toa ✓
→Cigano é um amigo meu ✓
→Cigano não está à toa ✓
→Cigano é um amigo ↘ meu ✓

(refrão)

→Com sua magia e dança ✓
→Abençoa os filhos seus ✓
→Com sua magia e dança ✓
→Abençoa os filhos ↘ seus

↗Cigano/não tem só uma morada ✓ ⎫
↗Ele arma sua tenda ✓   ⎬ (bis)
↗Em qualquer beira de estrada ✓ ⎭

271 (Angola) (Dirce Bezerra)

→Ci(ga)n<u>a</u>, Cigana Yasm<u>im</u> ✓ } (bis) (refrão)
→Cigan<u>a</u> traz a sorte pra m<u>im</u> ✓

→A Cigana Yasm<u>im</u> ✓
→Tem o dom de ver a sorte ✓
→Diz da vida, diz do amor ✓
→E também fala da morte ✓

→A Cigana é faceira ✓
→Com suas pedras na mão ✓
→Quando ela está dançando ✓
→Não deixa cair no chão ✓
→Oh Cigana
(refrão)
→Suas velas coloridas ✓
→Têm a chama da paixão ✓
→Vem falar com a Cigana ✓ } (bis)
→Ela tem a solução ✓
→Oh Cigana

272 (Nagô)

→Eu (sou) a Cigana Dolores ✓
→E venho de longe a can<u>tar</u> ✓
→Eu sou a Cigana Dolores ✓ } (bis)
→Que venho para trabalhar ✓

↗Cigana trabalha na ter<u>ra</u> ✓
↗Cigana trabalha no m<u>ar</u> ✓ } (bis)

↗Cigana trabalha na ter<u>ra</u> ✓
→Trab<u>a</u>lha em qualquer lug<u>ar</u> ✓

SUSTENTAÇÃO

273 (Ijexá)

→(Lin)da Cigana Ra(na)dja ✓
→Vinda das plagas do al<u>ém</u> ✓
→Linda Cigana Ranadja ✓ } (bis)
→Vinda de Jerusal<u>ém</u> ✓

↗ Pelas montanhas sagradas ✓
↗Colhendo rosas tamb<u>ém</u> ✓
↗Me chamam lírio dos campos ✓ } (bis)
→Da bela Jerusal<u>ém</u> ✓

274 (Nagô)

↗ O Ci(ga)no está no meu cong<u>á</u> ✓
↗ O Cig<u>a</u>no está no meu cong<u>á</u> ✓
↗ Trabalha Cig<u>a</u>no na fé de Oxal<u>á</u> ✓
↗ Trabalha Cig<u>a</u>no na fé ↘ de Oxal<u>á</u> ✓

275 (Ijexá)

→ Que fizeram de (ti) ✓ ↗ Oh, flor pequenina ✓
→ Que fizeram de ti ✓ ↗ fizeram-me muitas ruínas ✓ } (bis)

→Da lua, a luz, do sol, o calor ✓
→Dos vales tão belos, dos campos em flor ✓

↗Oh, minha Cigana, és minha guia/
→ Me traga a paz e muita alegria ✓ } (bis)

SUBIDA (Despedida, partida, etc.)

276 (Angola)

↗O Cigano (veio,) o Cigano vai ✓
↗O Cigano veio, o Cigano vai ✓

→Nosso povo é valente
→Tomba, tomba, mas não cai ✓

→Nosso povo é valente
→Tomba, tomba, mas não cai ✓

277 (Angola)

→Quem (disse) que Cigano não trabalha ✓
↗Errou, errou, erroou ✓

↗Cigano não tem tempo e nem tem hora ✓
→Pra prestar a caridade, ele faz a qualquer hora ✓ } (bis)

↗Não é o tempo e nem o lugar ✓
↗Que há de nos separar ✓

→Mas entendo que é chegada a sua hoora ✓
→E a seu povo ele vai voltar ✓ } (bis)

Exu e Pombagira

Exu tem um vasto campo de atuação dentro do culto aos Orixás, pois é tido como o mensageiro das ordens e das vontades deles, que não se comunicam diretamente com os encarnados.

Exu, como linha de esquerda da Umbanda, incorpora nos seus médiuns e dá consultas a quem se dispuser a falar com ele, aconselhando, orientando, defendendo, ajudando a superar as dificuldades materiais ou espirituais, familiares ou de trabalho, agindo com seu senso e entendimento pessoal a quem o solicitou.

Exu é o mais humano dos mistérios da Umbanda, porque assimila tudo o que seu médium vibra em seu íntimo; ele está mais próximo de nós pela sua vibração, sendo o mistério que mais se humanizou; eles são os sustentadores da nossa esquerda e guardiões da nossa direita. Exu é sinônimo de força e virilidade.

Assim também é o mistério Pombagira; como os Exus, elas dão sustentação à nossa esquerda conforme seu magnetismo de atuar; Pombagira é sinônimo de desejo e sensualidade.

Ambos, ao trabalharem nas linhas de Umbanda, agem de acordo com a lei e a justiça divina.

Aqueles que recebemos quando fazemos descarrego não são Exus ou Pombagiras que trabalham dentro da lei, eles são quiumbas, que não possuem um direcionamento de crescimento espiritual, estão ali porque gostam e são atraídos pelo mal, vibram ódio e fazem o que fazem porque são espíritos ligados a outros do mal.

Saudações

Laroiê, Exu! (Olhe por mim, Exu.).
Exu Omojubá/Exu Emojubá (vós sois grande, Exu).

Fontes: 1 – Colaboração e pesquisa de Cida de Iansã.
2 – VIEIRA, Lurdes de Campos (coord.);SARACENI, Rubens. *Manual Doutrinário, Ritualístico e Comportamental Umbandista*, Madras Editora, 2005, p. 72.

Pontos de Exu

FIRMEZA
278 (Ijexá)

→Oxa(lá,) meu pai ✓

→Tem pena de nós, tem dó ✓

→Se a volta do mundo é grande, ✓

→Seu poder ainda é maior ✓

→Se a volta do mundo é grande, ✓

→Seu poder ainda é maior ✓

COROA
279 (Nagô)

→(Olha) catira de Umbanda

→Espia, espia quem vem lá ✓

→É o supremo rei da quimbanda

→É o chefe dos chefes, ✓ é o maioral ✓

→Todo mundo está lhe saravando ✓ ⎫
→Papai da Umbanda mandou lhe chamar ✓ ⎬ (bis)

CHAMADA

280 (Nagô)

→Balança a fi(gue)eira, balança a figueeira ✓

→Balança a figueira, quero ver / Exu cair ✓

→Balança a figueeira, balança a figueeira ✓

→Balança a figueira, quero ver / Exu cair ✓

↗Cadê seu (..............), que eu não vejo ele aqui ✓

↗Cadê seu (..............), que eu não vejo ele aqui ✓

281 (Congo de Ouro)

→(Olha) quem está lá no portão ✓

→De capa e cartola, tridente na↗ mão ✓

→Olha quem está lá no portão ✓

→De capa e cartola, tridente na mão ✓

→Será, será ✓ ↗ (Seu Tranca-Ruas) ✓

→Será, será ✓ ↗ (Seu Exu do Lodo) ✓

↗Será, será ✓ ↗ (Senhor Marabo) ✓

→Será, será / ✓ → (Seu Exu Cobra) ✓

SAUDAÇÃO

282 (Congo)

→Soltaram um bode (pre)to a ⎫
→Meia-noite na Calunga ✓ ⎬ (bis)

→Ele correu os quatro cantos

→Foi parar lá na porteira ✓

→Ele bebeu marafo ✓ ⎫
→Com Exu Tata Caveira ✓ ⎬ (bis)

283 (Angola) Mãe Yara Fátima Drimel

↗É sexta-(fei)ra, meia-noite na Calunga ✓   (bis)

→Vamos todos, saravá, ✓ o Seu Sete Catacumba ✓   (bis)

↗Sete Catacumba faz Sete Catacumba manda ✓

→Ele é rei no cemitério ⎫
→É o senhor nos seus domínios ✓ ⎬ (bis)

→Se algo necessitas, peça ao Sete Catacumba ✓

→Se o pedido justo for ✓ ⎫
→Sete Catacumba ajuda ✓ ⎬ (bis)

SAUDAÇÃO

284 (Angola)

↗Diz, Exu, não é mari(nhe)iro
↗Pra amarrar toco no mar ✓
↗Diz, Exu, não é marinheiro
↗Pra amarrar toco no mar ✓
→Chove chuva, cai sereno ✓
→Toco no mesmo lugar ✓

→Chove chuva, cai sereno ✓
→Toco no mesmo lugar ✓

285 (Nagô)

→Eu (vou) botar fogo no mundo ✓
→Quero ver folha verde ↗queimar ✓
→Eu vou botar fogo no mundo ✓
→Quero ver folha verde ↗queimar ✓
↗Quero ver a terra estremecer, meu senhor ✓
→Quando a sua falange chegar ✓
↗Quero ver a terra estremecer, meu senhor ✓
→Quando a sua falange chegar ✓

286 (Nagô)

→Botaram fei(ti)ço na encruzilhada
→Pra me derrubar ✓   (bis)
→Mas não adianta, não adianta
→Que eu também sou de lá ✓
→Meu pai é ↗ Ogum
→Meu pai é Ogum, ↘ minha mãe, Iemanjá ✓
→Já falei com Tranca-Ruas   (bis)
→Que é meu compadre, ele vai me ajudar ✓
→Agora bate cabeça e pede maleime
→Ao povo do mar ✓
→Você está devendo, você está devendo   (bis)
→E vai ter que pagar ✓
→Você vai pagar, vai, vai ✓
→Você vai pagar, vai, vai ✓
→Você vai pagar, vai, vai ✓
→Você vai pagar

287 (Nagô)

↗Exu pisa no (to)co, Exu pisa no galho
↗O galho balança, Exu não ↑ cai, ↘oi, Ganga ✓
→E Exu pisa no toco de um galho só ✓
→E Exu pisa no toco de um galho só ✓

288 (Barravento)

→Seu Tranca-(Ruas) ✓ é uma beleza
→Eu nunca vi um Exu assim ✓
→Seu Tranca-Ruas ✓ é uma beleza
→Eu nunca vi um Exu assim ✓
→Seu Tranca-Ruas é uma beleza ✓
→Ele é madeira que não dá cupim ✓
→Seu Tranca-Ruas é uma beleza ✓
→Ele é madeira que não dá cupim ✓

Pontos de Pombagiras

LIGAÇÃO EXU – POMBAGIRA

289 (Angola)
→Arreda, (ho)mem, que aí vem mulher ✓
→Arreda, homem, que aí vem mulher ✓

→Ela é a Pombagira, Pombagira de fé ✓
→Ela é a Pombagira, Pombagira de fé ✓
→(Seu Tranca Ruas) veio na frente
→pra dizer quem ela é ✓

COROA

290 (Nagô)
↗Dona Maria Pa(di)lha, mulher de seu Lúcifer ✓
↗Dona Maria Padilha, mulher de seu Lúcifer ✓

→Corre gira na encruzilhada ✓
→E pergunta quem ela é ✓

→Se ela é Maria Padilha, ✓ mulher de seu Lúcifer ✓
→Se ela é Maria Padilha, ✓ mulher de seu Lúcifer ✓

CHAMADA

291 (Angola) rápido
↗Auê, Pombogi(rê)
↗Auê, Pombogira ✓

↗Auê, Pombogirê
↗Pombo Gire/→ Pombagira ✓

292 (Congo e Ouro)
→(Olha) quem está lá no portão ✓
→De saia vermelha e rosa na↗ mão ✓
→Olha quem está lá no portão ✓
→De saia vermelha e rosa na mão ✓

→Será, será ✓ ↗(Dona Maria Padilha) ✓
→Será, será ✓ ↗(A Dama da Noite) ✓
↗Será, será ✓ ↗(Rainha da Encruzilhada) ✓
→Será, será ✓ →(Pombagira Cigana) ✓

SUSTENTAÇÃO

293 (Nagô ou Ijexá)
→De vermelho e (ne)gro, vestido à noite, o mistério traz ✓
→De colar de ouro, brinco dourado, a promessa faz ✓
→Se é preciso ir, você pode ir, peça o que quiser ✓
→Mas cuidado, amigo, ela é bonita, ela é mulher ✓
→Mas cuidado, amigo, ela é bonita, ela é mulher ✓

↗E, no canto da rua, girando, girando, girando está ✓
→Ela é moça bonita, girando, girando, girando lá ✓
⎫
⎬ (bis)
⎭

→Oi, girando, laroyê ✓
→Oi, girando, laroyê ✓
→Oi, girando, laroyê ✓

→Oi, girando, la ✓

294 (Nagô)
→Pombagira (é)
→De domingo pra segunda ✓
⎫ (bis)
⎭

→Na boca de quem não presta
→Pombagira é vagabunda ✓
⎫ (bis)
⎭

295 (Nagô)
→Pombagira (é)
→Mulher de sete maridos ✓
⎫ (bis)
⎭

→Não mexa com ela
→Ela é um perigo ✓
⎫ (bis)
⎭

SUSTENTAÇÃO

296 (Angola)
→Ela (é) uma moça bonita ✓
→Que gira dia e noite sem pa<u>rar</u> ✓
→Com <u>seu</u> vestido de chita ✓
→Ela é ✓ a rainha Pombagi<u>ra</u> ✓

→Com <u>seu</u> vestido de chita ✓
→Ela é ✓ a rainha Pombagi<u>ra</u> ✓

297 (Angola)
↗Vestidinho de (chi)ta
↗ saia cheia de <u>nó ó</u> ✓ } (bis)

→Ela é a Pombagira, ela é/
→A Pombogi<u>rá</u> ✓ } (bis)

298 (Congo)
→É uma casa de (Pom)<u>bo</u> ✓
→De Pombogi<u>ra</u> ✓ } (bis)
→Auê, au<u>e</u> ✓
→Auê, au<u>a</u> ✓ } (bis)

→Pombagira, ela é é
→Auê, Pombagi<u>rá</u> ✓ } (bis)

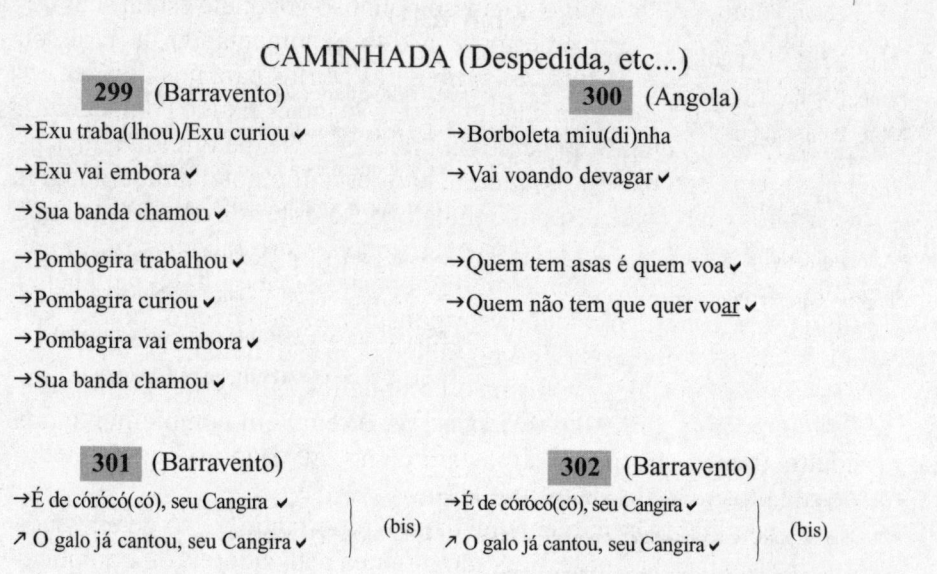

CAMINHADA (Despedida, etc...)

299 (Barravento)
→Exu traba(lhou)/Exu curiou ✓
→Exu vai embora ✓
→Sua banda chamou ✓

→Pombogira trabalhou ✓
→Pombagira curiou ✓
→Pombagira vai embora ✓
→Sua banda chamou ✓

300 (Angola)
→Borboleta miu(di)nha
→Vai voando devagar ✓

→Quem tem asas é quem voa ✓
→Quem não tem que quer vo<u>ar</u> ✓

301 (Barravento)
→É de córócó(có), seu Cangira ✓
↗ O galo já cantou, seu Cangira ✓ } (bis)
→É no romper da aurora, seu Cangira ✓
→ Exu já vai embora, seu Cangira ✓ } (bis)

302 (Barravento)
→É de córócó(có), seu Cangira ✓
↗ O galo já cantou, seu Cangira ✓ } (bis)
→É no romper da aurora, seu Cangira ✓
→ Pombogira já vai embora, seu Cangira ✓ } (bis)

Ponto para Afundar Exu (Ganga)

303 (Barravento)
↗Ogum man(<u>dou</u>) espada de fogo
↗Pra mandar Exu embo<u>ra</u> ✓
↗Afunda E<u>xu</u>/ ✓
↗ Já chegou a sua ho<u>ra</u> ✓

Exu Mirim

Na Umbanda, todos sabemos que trabalhamos com a linha da esquerda, ou o ponto de equilíbrio de forças.

Se trabalhamos com a direita, temos de trabalhar também com a esquerda. Podemos trabalhar em quantidade de vezes menor; há terreiros que trabalham só na Quaresma, outros só não trabalham na Quaresma, outros uma vez por mês, outros só na segunda-feira e assim por diante, porém, todos trabalham, mesmo que não saibam, pois, mesmo falando com nossos guias da direita, há determinados trabalhos que são realizados pelos guias da esquerda.

Às vezes, estamos sentados em um banquinho, em frente a um Preto-Velho, pedindo algo ao nosso bondoso vovô; ele estala seus dedos esquerdos e, sem sabermos, já está movimentando os Exus ou Pombogiras, Exus Mirins ou Pombogiras Mirins para nos atender.

No caso de nossos amados guias da esquerda, "Exus e Pombogiras", temos também o complemento da linha, pois, se, na direita, temos os adultos e as crianças, na esquerda, não seria diferente; também temos os adultos e as crianças, pouco trabalhados nos terreiros; não sabemos se é por desconhecimento de sua existência ou se sabem, sim, de sua existência, mas não sabem como trabalhar com essa linha para benefício próprio e/ou para atender os consulentes do terreiro; porém, são muito ativos e poderosos, como tudo na criação divina.

Eles são os "Exus Mirins e Pombogiras Mirins", em uma similaridade com a linha das Crianças, da direita, em complemento aos adultos; são crianças ou se postam como tal, sendo o complemento dos adultos na linha da esquerda.

Trabalham divinamente bem, não importando o tipo de encrenca que possa vir pela frente, pois são grandes realizadores, ou complicadores, na vida de quem solicita, ou evita sua colaboração.

Recomendamos aqui uma leitura para melhor entendimento do que é essa força divina ou esse poder de realização da criação: o livro *Orixá Exu Mirim*, do Pai Rubens Saraceni, editado pela Madras Editora.

Saudações

Saravá, Exu Mirim!   Resposta: Exu Mirim Omojubá.
                                    Laroiê, Exu Mirim!

Saravá, Pombogira Mirim!   Resposta: Pombogira Mirim, saravá!

FIRMEZA: Neste caso, segue a mesma linha de pensamento dos Exus, pois dificilmente cantaremos somente para Exu ou somente para Pombogira, e sim cantaremos durante o trabalho de esquerda, para Exu e Pombogira e, em um determinado momento, cantaremos também para Exu Mirim e Pombogira Mirim. Não podemos esquecer que teremos também trabalho específico, só com Exu Mirim e Pombogira Mirim, depende da casa e/ou da intenção do dirigente.

Pontos de Exu Mirim

COROA

CHAMADA

304 (Angola)

→Boa noite, (gen)te
→Como vai, como passou ✓

→Boa noite, gente
→Como vai, como passou ✓

→Exu Mirim é pequenininho ✓

→Mas é bom trabalhador ✓

→Exu Mirim é pequenininho ✓

→Mas é bom trabalhador ✓

305 (Barravento)

→Exu Mi(rim)
→ Ele não vem a pé ✓

→Ele vem montado
→Nas costas do jacaré ✓

→Exu Mirim
→ Ele não vem a pé ✓
→ Ele vem montado
→Nas costas do jacaré ✓

306 (Barravento) J. Scritori

→Eu vi esse me(ni)no
→Lá no pé da encruzilhada ✓

→Eu vi esse menino
→Dando a sua gargalhada ✓

→Era Exu Mirim
→Ele tava avessado ✓
→Era Exu Mirim
→Ele tá de pé virado ✓

} bis

} bis

SUSTENTAÇÃO

307 (Barravento)

→Oh, (meu) Senhor das Almas
→Por que judia de mim ? ✓
→Oh, meu Senhor das Almas
→Por que judia de mim ? ✓

→Eu sou pequenininho
→ Sou Exu Mirim ✓

→ Eu sou pequeninho
→Sou Exu Mirim ✓

308 Exu Mirim do Pai
(Ijexá) George de Aguiar

→Eu (sou) Exu Mirim ✓
→Corro gira feito o vento ✓
→Solto fogo pelas ventas ✓

→Se tu bulir na encruza ✓
→Vais correr que não aguenta ✓
→Se tu bulir na encruza ✓
→Vais correr que não aguenta ✓

309 (Nagô) Jorge Scritori

→Espia, espia, olha (ele) / ✓
→É pequeno, é miudinho ✓
→Espia, espia, olha ele/ ✓
→É pequeno, é miudinho ✓

↗Ele é Exu Mirim ✓
→ Ninguém fica
→ no seu caminho ✓
↗Ele é Exu Mirim ✓
→Ninguém fica
→no seu caminho ✓

SUSTENTAÇÃO

310 (Congo) Hanz Bonfá

→Pedra de (sal)   } bis
→Pedra de sal é salgueiro ✓

→Eu deixei Exu Mirim
→Tomando conta do terrreiro ✓
→Eu deixei Exu Mirim
→Tomando conta do ↘ terrreiro ✓

311 (Barravento) Jorge Scrítori

→Exu Mi(rim) é pequeninho, ✓ →mas é bom trabalhador ✓ } (bis)
→Quem topar com Exu Mirim ✓ →Fica louco de terror ✓

→Exu Mirim não vem do céu ✓ →Ele vem de outro lugar ✓ } (bis)
→Ele ta correndo gira   →Pra sua vida melhorar ✓

→Exu Mirim tá no trabalho ✓ →Ta fazendo sua mandinga ✓ } (bis)
→Ele tá correndo gira   →Pra mudar a sua vida ✓

312 (Angola) Rosimeire Silva

→O seu ponto é se(gu)ro
→O seu ponto é certeiro ✓
↗Ele é seu Calunguinha   (bis)
→Exu Mirim Feiticeiro ✓

→Trabalha na calunga
→Ele trabalha no terreiro ✓ (bis)
↗Exu Mirim corta demanda
→Lá no pé do cruzeiro ✓

313 (Congo) Rosimeire Silva

→Pedra de (fo)go rolou lá da pedreira ✓
→Pedra de fogo rolou lá da pedreira

→Mirim Foguinho, ele é Exu ✓ } (bis)
→E não é de brincadeira ✓

→Trabalha o dia inteiro ✓
→Trabalha a noite inteira

→Mirim Foguinho, ele é Exu ✓ } (bis)
→E não é de brincadeira ✓

314 (Angola) Rosimeire Silva

→Bate palma, bate (pal)ma
→Exu Mirim aqui chegou ✓
↗Chegou lá da calunga
→Ele é trabalhador ✓
↗Chegou lá da encruza
→Ele é meu protetor ✓

→Bate palma, bate palma
→Exu Mirim aqui chegou ✓
↗Ele veio no terreiro
→Ele é meu protetor ✓
↗Ele veio no terreiro
→Ele é trabalhador ✓

315 DESPEDIDA DE MIRIM

(Barravento) Severino Sena

→Exu Mirim não é pe(que)no
→É forte igual o senhor ✓
↗Trabalha na encruza   (bis)
→Trabalha onde for ✓

→Agora vai partir
→Vai levar o que pegou ✓
↗Levar pro seu vazio   (bis)
→Pai Ogum foi quem mandou ✓

10

Fontes Consultadas

Mãe Rozilene Frye
Mãe Yara Fátima Drimel
Pai Geraldo Pereira Junior
Pai Roberto da Costa
Pai Jorge Scrítori
Pai George Aguiar
Juliana Cerqueira

Ponto de Domínio Público

Ogã Miro de Xangô
Conceição da Jurema
Escola de Curimba Umbanda e Ecologia
Grupo Aruanã
Mãe Lurdes de Campos Vieira
Mãe Conceição Florindo
Manual de Umbanda para Chefe do Terreiro, Tríade Editorial
Ogã J. B. de Carvalho
Ogã Roberto da Silva
Pai Elcio de Oxalá
Pai José Valdivino da Silva
Pai Maurício Martins
Pontos Cantados da Tenda Nossa Senhora da Piedade
Pontos Cantados e Riscados, Tríade Editorial

Pontos Cantados e Riscados dos Caboclos, Editora Espiritualista
VIEIRA, Lurdes de campos (coord.); SARACENI, Rubens. *Manual Doutrinário, Ritualístico e Comportamental Umbandista.* São Paulo: Madras Editora, 2005.
Rosimeire Silva
Hanz Bonfá
Pai Valdir Rebeca

Leitura Recomendada

História da Pombagira
Princesa dos Encantos
Rubens Saraceni

História da Pombagira é um romance que se passa há muito tempo e nos remete a uma época mítica, impossível de ser detectada nos livros de História. Rubens Saraceni, inspirado por Pai Benedito de Aruanda, mostra a lapidação de uma alma, tal qual um diamante bruto, e a sua trajetória rumo à Luz!

A Evolução dos Espíritos
Rubens Saraceni

Nessa obra mediúnica psicografada pelo Mestre Mago Rubens Saraceni, os Mestres da Luz da Tradição Natural dão abertura a um novo e magnífico campo para o entendimento da presença divina no cotidiano das pessoas. Para isso, tecem breves comentários a respeito da diversidade da criação e da natureza e sobre a evolução dos homens.

As Sete Linhas de Evolução e Ascensão do Espírito Humano
Rubens Saraceni

Na senda evolutiva do espírito são vários os caminhos que podem ser percorridos para a conquista do objetivo maior, que é o de sermos espíritos humanos divinizados. Mas que caminhos são esses que favorecem um "atalho" para se chegar mais rápido ao pódio?

Orixá Pombagira
Fundamentação do Mistério na Umbanda
Rubens Saraceni

Mais um mistério é desvendado: o da Pombagira, Orixá feminino cultuado na Umbanda. Por muitos anos, ela foi estigmatizada sob o arquétipo da "moça da rua", o que gerou vários equívocos e, por que não dizer, muita confusão, pois diversas pessoas já recorreram a ela para resolver questões do amor, ou melhor, para fazer "amarrações amorosas" à custa de qualquer sacrifício.

www.madras.com.br